# 财务管理
# 与成本控制研究

陈少毅 著

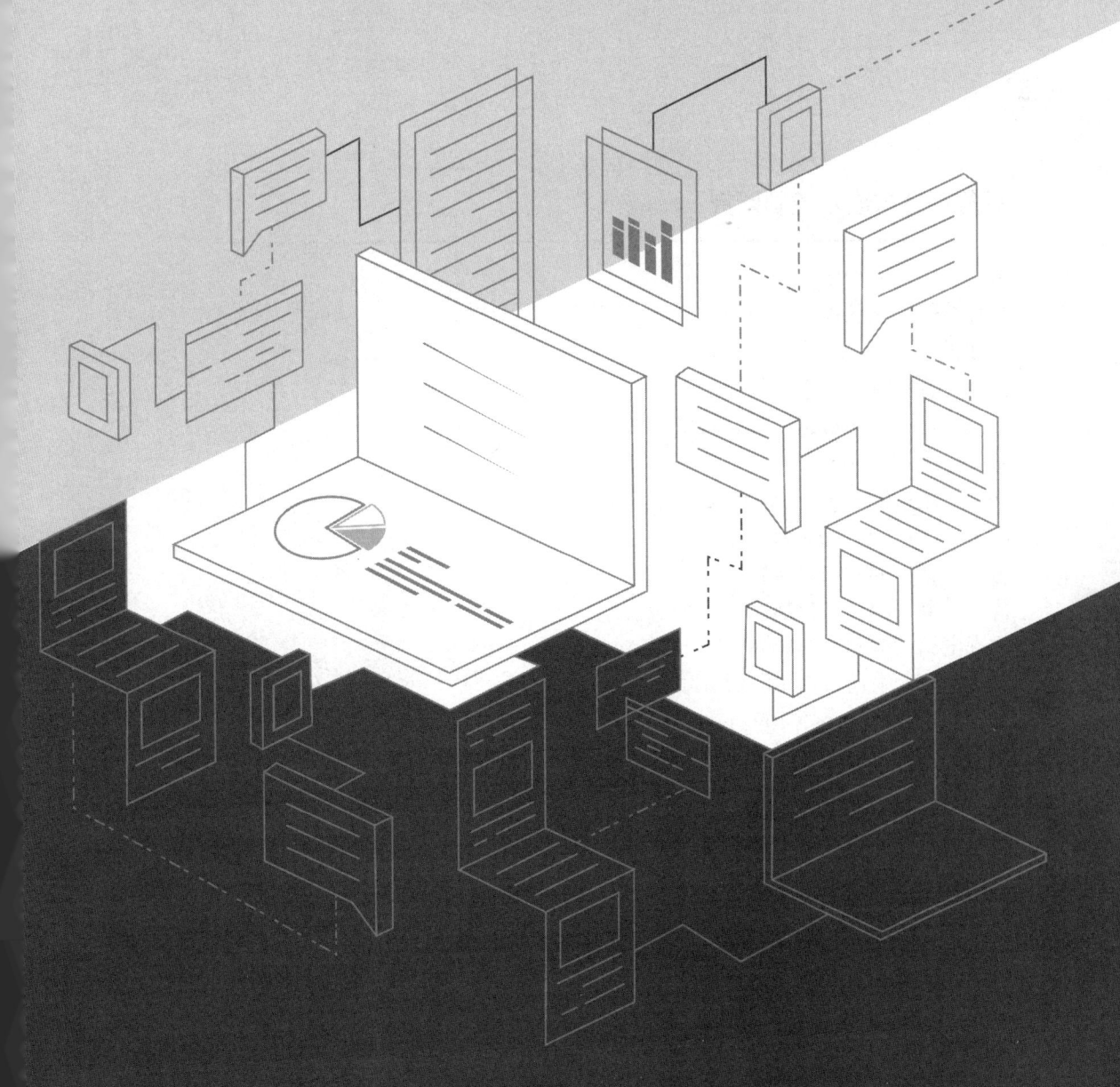

延吉·延边大学出版社

图书在版编目（CIP）数据

财务管理与成本控制研究 / 陈少毅著. -- 延吉：延边大学出版社，2024. 6. -- ISBN 978-7-230-06769-0

Ⅰ. F275

中国国家版本馆 CIP 数据核字第 2024PN2515 号

## 财务管理与成本控制研究

著　　者：陈少毅
责任编辑：朱秋梅
封面设计：文合文化
出版发行：延边大学出版社
社　　址：吉林省延吉市公园路 977 号
邮　　编：133002
网　　址：http://www.ydcbs.com
E-mail：ydcbs@ydcbs.com
电　　话：0433-2732435
传　　真：0433-2732434
发行电话：0433-2733056
印　　刷：三河市嵩川印刷有限公司
开　　本：787 mm×1092 mm　1/16
印　　张：10.25
字　　数：200 千字
版　　次：2024 年 6 月　第 1 版
印　　次：2024 年 8 月　第 1 次印刷
ISBN 978-7-230-06769-0

定　　价：68.00 元

# 前　言

改革开放以来，我国经济体制和企业机制的改革为企业财务管理与成本控制的发展提供了良好的机遇。完善的财务管理和成本控制是企业发展的基础和实现价值的核心，贯穿企业生产经营过程的始终，影响企业的核心竞争力与未来发展的潜力，在市场经济带动下为企业提供流畅的资金链和广阔的发展空间。由此可见，在经济转型和社会主义市场经济体制逐渐完善的背景下，良好的财务管理与成本控制是企业实现可持续发展的关键。因此，从成本控制出发，推进财务管理目标的实现，可使企业的利润实现最大化。

近年来，关于财务管理与成本控制的学术研究出现了一些新的动向，财务管理与成本控制的理念、主体及方法等内容都发生了重大的变化。笔者在此基础上撰写了《财务管理与成本控制研究》一书。全书共分为五章，按照由浅入深、由易到难、循序渐进的写作思路展开论述，介绍了财务管理与成本控制的基本概念、基本理论和基本方法。

本书具有两个突出的特点：一是从基础理论出发，较为全面、系统地阐述了财务管理的细节，剖析了成本管理体系，丰富和完善了财务管理与成本控制的内容；二是通过总结实践得出结论，做到了实事求是，论述科学、严谨，结构完整，与主题紧密呼应。

笔者在撰写本书的过程中查阅了大量的资料，借鉴了专家学者的宝贵经验，在此向他们表示衷心的感谢。由于水平有限，本书难免存在不足之处，恳请广大读者批评指正。

张玉洁、位永丰和王晓杰参与了本书的审稿工作。

# 目 录

## 第一章 财务管理概述 …………………………………………………………… 1
第一节 财务管理的产生与发展 ………………………………………………… 1
第二节 财务管理的概念与特点 ………………………………………………… 3
第三节 财务管理的目标与原则 ………………………………………………… 7
第四节 企业的组织形式与财务的分层管理 …………………………………… 11
第五节 我国财务管理体制的沿革 ……………………………………………… 15

## 第二章 财务管理的价值尺度 …………………………………………………… 19
第一节 货币的时间价值 ………………………………………………………… 19
第二节 风险与收益 ……………………………………………………………… 21
第三节 利息率 …………………………………………………………………… 27

## 第三章 财务管理的基本分类 …………………………………………………… 32
第一节 筹资管理 ………………………………………………………………… 32
第二节 流动资产投资管理 ……………………………………………………… 52
第三节 销售收入与利润管理 …………………………………………………… 63
第四节 资本成本与构成管理 …………………………………………………… 79
第五节 营运资本管理 …………………………………………………………… 91

## 第四章 财务成本控制概述 ……………………………………………………… 95
第一节 成本的概念与分类 ……………………………………………………… 95
第二节 固定成本与变动成本 …………………………………………………… 101
第三节 财务成本控制的作用、原则及内容 …………………………………… 107
第四节 财务成本控制的方法 …………………………………………………… 112

## 第五章 财务成本控制技术分析 ············································· 119

第一节 变动成本法与完全成本法 ········································ 119

第二节 分批成本法与分步成本法 ········································ 125

第三节 标准成本控制管理 ················································ 133

第四节 目标成本管理 ······················································· 143

第五节 责任成本管理 ······················································· 149

## 参考文献 ········································································· 157

# 第一章 财务管理概述

## 第一节 财务管理的产生与发展

财务管理的产生与发展大致经历了以下几个阶段：

### 一、产生阶段

早在15、16世纪，地中海沿岸许多商业城市出现了邀请公众入股的商业组织。商业股份经济的发展，要求企业做好筹资、股息分配和股本归还工作，但由于企业还未形成独立的财务管理部门，因此这些工作包含在企业管理之中。

19世纪末20世纪初，西方的股份公司迅速发展，不断扩大生产经营规模，迫切需要开辟新的筹资渠道，以满足生产不断发展的资金需求。同时，各股份公司还要处理好公司与投资者和债权人的关系。于是，各股份公司纷纷成立专门的管理部门，以适应和加强财务管理的需要。因此，财务管理开始从企业管理中分离出来，专业化的财务管理就此产生。

### 二、筹资阶段

19世纪末至20世纪30年代，资金市场还不成熟，缺乏可靠的财务信息，而且股票的买卖被少数了解内情的人所控制，使得投资人畏首畏尾，不敢大胆地投资股票与债权。财务管理部门以筹集资金为主开展工作，侧重围绕着诸如股票与债券发行、回购，以及股利发放等方面加强财务核算，从而维护投资者的利益，进一步扩大筹资范围。

## 三、内部控制阶段

20 世纪 30 年代，大批企业因销售额下降、资金短缺而相继破产。这使人们认识到，过分注意资金的筹措，相对忽略资金的使用效果，将难以维持企业的生存和发展。

实践证明，在财务管理上，把主要精力集中到筹资上是不够的。当时的主要矛盾已转化为如何以低价优质的产品去占领市场，求得企业生存。降低产品价格必须以降低产品成本为基础，于是，财务管理部门开始侧重有计划地使用资金，控制生产经营成本与风险，提高资金使用效率，增强企业生存与获利能力。因此，企业纷纷把财务管理的重点从筹资转向了财务控制。

## 四、投资管理阶段

20 世纪 50 年代后期，世界经济进入一个新的发展时期，资本市场迅速发展，通货膨胀加剧，跨国公司越来越普遍，企业之间的竞争由国内逐渐发展到国外，企业生产经营活动的盈利机会与风险并存。企业的生存与发展不仅取决于内部财务控制，而且还取决于对投资机会的把握与对投资项目的选择，因投资失误所造成的损失往往比因企业内部财务控制不善造成的损失更具有毁灭性。于是，企业财务管理的重点由财务控制转向投资管理，而搞好投资管理的主要方式是确定正确的投资决策。

这一阶段确定了比较合理的投资决策程序，建立了科学的投资决策指标体系，选择了科学的风险投资决策方法。

## 五、电子信息财务管理阶段

自 20 世纪 80 年代以来，信息网络技术的飞速发展和新的商务模式的出现，极大地拓展了电子信息对财务管理的技术支持范围。电子货币系统、数字签章、数字凭证、电子账单支付等新技术正在大量涌现，其运用形式对财务管理的方式产生了重大的影响。

随着企业经营环境的不断开放，特别是金融市场的逐渐成熟，电子信息财务管理不仅可以为企业财务管理提供相关信息，而且还能为筹资和投资提供场所。仅靠人们手工操作，已不能很好地处理财务管理中复杂而繁重的业务量，基于电子信息处理基础的财务管理已是大势所趋。

## 第二节 财务管理的概念与特点

### 一、财务管理的概念

一般而言，财务管理工作是指企业为了达到既定目标所进行的筹集资金、运用资金和收益分配的活动，它必然涉及企业内外有关利害关系人的经济利益。欲弄清财务管理的概念，必须深入研究财务活动及其体现的财务关系。

（一）财务活动

所谓财务活动，是指因企业的生产经营活动而产生的资金筹集、投放、使用与分配的过程。具体体现在以下四个方面：

1. 筹资活动

筹资活动是指企业为了满足资金的投放和使用的需要，按时、足额筹措所需资金的过程。企业组织、从事生产经营活动，首先必须从各种渠道筹集一定数量的资金，这是资金运动的起点，是投资的必要前提。在筹资过程中，企业一方面要确定合理的筹资总规模，另一方面要通过对筹资渠道、筹资方式或筹资工具的选择，合理确定资金结构，以降低筹资成本和风险。这种因资金筹集而产生的资金流入与流出，以及相应的管理活动，便是企业由筹资活动而引起的财务活动。

### 2.投资活动

企业取得资金后，必须将筹集的资金投入使用，才能取得一定的收益。企业投资可以分为广义的投资和狭义的投资两类：广义的投资包括企业内部使用资金的过程（如购置固定资产、无形资产等）和对外投放资金的过程（如购买其他企业的股票、债券或与其他企业联营等）；狭义的投资仅指对外投资。无论是对内投资还是对外投资，都会有资金的流出；当企业收回投资时，则会产生资金的流入。这种因投资活动而产生的资金流入与流出，以及相应的管理活动，便是企业由投资活动而引起的财务活动。

### 3.资金营运活动

资金的营运活动，也被称为资金使用活动，是指企业在日常生产经营过程中所发生的资金管理与收付活动。企业在生产经营过程中，会发生一系列的资金流入与流出业务。从原材料及生产设备的采购，到生产组织、职工工资和福利费的支付等，都会发生资金的流出；当产品销售或提供劳务后，又可以获得收入，形成资金的流入。这种因生产经营活动而产生的资金流入与流出，以及相应的管理活动，便是企业由资金营运活动而引起的财务活动。

### 4.收益分配活动

企业通过对内、对外投资取得收益，获得一定的盈余。企业取得盈余以后，必须按照相关的法律法规进行有序的分配。首先，要依法纳税；其次，要用来填补部分支出；最后，要向投资者分配利润。这种因分配活动而产生的资金流入与流出，以及相应的管理活动，便是企业由分配活动而引起的财务活动。

## （二）财务关系

企业作为法人在组织财务活动过程中与企业内外部有关各方发生的经济利益关系，就是企业的财务关系。企业的财务关系主要表现在以下几方面：

### 1.企业与国家之间的财务关系

企业与国家之间的财务关系是强制性的经济利益关系，相关法规已十分明确，即企业必须向国家依法纳税。

### 2.企业与投资者之间的财务关系

企业的投资者要按照投资合同、协议、章程的约定履行出资义务，以便形成企业资金。企业利用这些资金进行投资，取得利润后，应按出资比例或合同、协议、章程的规定进行分配。企业与投资者之间的财务关系反映了经营权和所有权的关系。

投资者的所有权主要体现在其对企业进行一定程度的控制或施加影响，参与企业的利润分配，享有剩余财产索取权，同时还要承担一定的经济法律责任等。

### 3.企业与债权人之间的财务关系

企业除利用资金进行经营活动外，还要借入一定数量的资金，以便降低企业资金成本，扩大企业经营规模。企业利用债权人的资金，要按约定的利息率，及时向债权人支付利息，债务到期时，要按时向债权人归还本金。企业与债权人之间的财务关系体现的是债务与债权关系。

### 4.企业与债务人之间的财务关系

企业将资金借出后，有权要求其债务人按约定的条件支付利息和归还本金。企业借出的资金能否安全及时地收回、能否定期收取利息，关系到企业经济效益能否顺利实现和企业生产经营能否顺利进行。企业与债务人之间的财务关系体现的是债权与债务关系。

### 5.企业与其内部各经济责任主体的财务关系

企业与其内部各经济责任主体的财务关系，是指企业内部各单位之间在生产经营各环节中相互提供产品或劳务所形成的经济关系。在实行内部经济核算制的条件下，企业供、产、销各职能部门及各生产单位之间相互提供产品和劳务要进行计价结算，这种在企业内部形成的资金结算关系体现了企业内部各单位之间的经济利益关系。企业经济责任制的建立，需要明确各部门的经济利益，否则就不能充分调动各部门的积极性，所以企业应处理好与其内部各单位之间的财务关系。

### 6.企业与其职工之间的财务关系

企业与其职工之间的财务关系，是指企业在向职工支付劳动报酬的过程中所形成的经济关系。企业要用自身的产品销售收入或其他可以支配的资金向职工支付工资、津贴、奖金等，按照职工提供的劳动数量和质量支付劳动报酬。这种企业与其职工之间的财务关系体现了职工和企业在劳动成果上的分配关系。

财务活动与财务关系是相互联系的，合理组织财务活动是对财务管理的基本要求，而正确处理财务关系则是合理组织财务活动的必要条件。如果财务关系处理不当，就难以保证财务活动顺利而有效地进行。

### （三）财务管理的定义

财务，包含了"财"和"务"两个层面的意思，"财"即资金运动，也就是财务活动，"务"即财务关系。财务是源于财务关系的企业在生产过程中的资金运动。财务管理是指企业在生产过程中，按照既定的目标，通过决策、预算、控制和分析等手段，合理组织资金运动，正确处理财务关系的一种管理工作。

## 二、财务管理的特点

财务管理作为企业管理的一个重要组成部分，侧重于企业价值管理，根据资金在企业中的运动规律，管理企业筹资、投资、日常经营及收入分配等各种财务活动，使企业的价值达到最大。财务管理的特点有如下表现：

第一，综合性强。财务管理的综合性要求从事财务管理工作的人员在工作时必须全面地考虑。财务管理借助于价值形式，把企业的一切物质条件、人力资源和经营过程都合理地加以规划和控制，达到企业效益不断提高、价值不断增大的目的。

第二，涉及面广。企业生产经营的各个方面，从供、产、销到人事、行政、技术等各部门的业务活动，都与资金的收支活动密切相关，因此，财务管理工作必然要延伸到企业生产经营的各个方面。反过来，企业与资金运动相关的每项活动都要主动接受财务管理部门的指导，按规定办事。

第三，财务管理的效果可以通过一系列财务指标来反映。根据这一特点，财务管理部门可及时向相关管理部门或人员提供财务信息，以帮助其了解各项管理效果，以便改进管理，提高效率和效益。

## 第三节 财务管理的目标与原则

### 一、财务管理目标

财务管理目标，又被称为理财目标，是指企业在进行财务活动时所要达到的根本目标。企业财务管理目标应该和企业的生产经营目标相一致，并为实现企业的生产经营目标服务。

（一）利润最大化

利润最大化是指财务管理工作的最终目的是不断增加企业利润，使企业利润在一定时期内达到最大。这一观点认为，利润代表企业创造的财富，利润越多则说明企业的财富增加得越多，越接近企业的目标。但是，利润最大化存在以下缺陷：

第一，没有考虑风险因素。报酬和风险是紧密相关的，高报酬必然面对高风险。将利润最大化作为财务管理目标，可能会使财务管理人员忽视风险去追逐高额利润。

第二，忽略长远利益。在所有权和经营权分离的情况下，一些管理者为了突出任职期内的成绩，往往只顾眼前利润，忽略长远利益。

（二）股东财富最大化

股东财富最大化是指通过有效的财务管理，为股东创造最大的财富。这一观点认为，给股东创造的财富越多，就越能提高资本报酬，实现权益资本的保值增值。对于股份制企业，股东财富由其所拥有的股票数量和股票市场价格两个方面来决定。在股票数量一定时，股东财富最大化等同于股价最大化；而要使股票市场价格最大化，企业必须提高经营管理水平。

股东财富最大化目标的可取之处在于：

第一，考虑了盈利与风险之间的关系。

第二，考虑了短期利益与长期发展的关系。

然而，股东财富最大化目标的不足之处在于：

第一，它只强调股东的利益，可能会忽视公司关系人的利益。

第二，对非上市公司不适用。

第三，股票价格并非公司所能完全控制的。

### （三）企业价值最大化

企业价值最大化是指通过合理的财务管理，充分考虑资金的时间价值，以及风险与报酬的关系，使企业总价值达到最大。其基本思想是既考虑企业长期稳定发展，又强调在企业价值增长中兼顾各关系人的利益。

企业价值是指企业的市场价值，它是社会公众对企业总价值的市场评估。追求企业价值最大化目标，其最大困难就是企业价值量化的问题。一般来说，企业价值可以通过其未来现金流量的现值来反映。

企业价值最大化不仅体现了股东财富最大化的优点，而且着重考虑了在企业发展中各方利益的关系，弥补了股东财富最大化仅仅考虑股东利益的不足。

## 二、财务管理的原则

财务管理的原则是指在企业财务管理工作中必须遵循的准则，是经过长期实践检验的理财行为规范。

### （一）风险—收益均衡原则

在市场经济条件下，风险是客观存在的，企业要想获得收益，就必须面对风险。风险—收益均衡原则是指在财务管理中，企业对每项财务活动都必须进行风险和收益的权衡，尽可能分散风险，提高收益。

遵循这项原则，要求企业必须以科学的态度对每一个决策的风险和收益做出全面的分析和权衡，选择风险低、收益高的最有利方案。特别是要注意尽可能规避风险，化风险为机遇，在危机中找出路，以提高企业的经济效益。

### （二）货币时间价值原则

货币时间价值原则是指资金具有时间价值，资金的周转使用要考虑效益。相同数量的资金，其收入或支出的时间不同，则具有不同的价值；相同数量的资金，其周转速度不同所带来的增值也不一样，周转速度越快，增值越多。因此，在财务管理工作中，必须坚持货币时间价值原则，树立时间和效益观念。

### （三）资金合理配置原则

资金合理配置原则就是通过对资金运动的组织与调节，来保证财务活动具有最优的比例结构。

企业资产的构成是资金运动的结果，同时它又以资金结构的形式表现出来。要做到资金合理配置，企业财务管理应该按照资金运动的特点，合理确定固定资产和流动资产的构成比例、对外投资和对内投资的构成比例、货币性资金和非货币性资金的构成比例、负债资金和自有资金的构成比例、长期负债和短期负债的构成比例，有形资产和无形资产的构成比例等。只有企业内部资源构成比例恰当，资金配置合理，才能保证生产经营活动顺利进行，并能实现企业的最佳经济效益，否则就会危及购、产、销活动的协调，甚至影响企业的兴衰。因此，资金合理配置是企业持续、高效经营的必不可少的条件，是财务管理的一项基本要求。

### （四）财务收支平衡原则

在财务管理中，不仅要保持各种资金存量的协调平衡，而且要经常关注资金流量的动态协调平衡。所谓收支平衡，就是要求资金收支不仅在一定期间内达到总量上的平衡，而且在每一个时点上协调平衡。资金收支在每一时点上的平衡性是资金循环过程得以周而复始进行的条件。资金收支的平衡，归根到底取决于购、产、销活动的平衡。企业既要抓好生产资料的采购工作，又要抓好生产过程的组织管理工作，还要抓好产品的销售工作，使购、产、销三个环节互相衔接，资金收支才会得以平衡，企业周转才会畅通，经济效益才会良好。

但必须指出的是，资金的收支平衡原则并不是要求保持资金收支的绝对平衡，而是保持资金收支的相对的、暂时的平衡。经营环境和条件的变化必然会打破原来的平衡而形成新的不平衡，财务管理的任务之一就是要通过对资金的有效协调和调度，在新的条件下建立新的资金收支平衡关系。财务收支平衡原则，就是要求在财务活动中以实现企业价值最大化为目标，保持财务收支的积极平衡。

### （五）利益关系协调原则

企业在组织财务活动的过程中，必然要与各方发生广泛的经济利益关系。利益关系协调原则是指企业在财务管理中，利用经济手段协调与国家、投资者、债权人、购销客户、经营者、劳动者，以及企业内部各部门的经济利益关系，维护有关各方的合法权益。

具体地说，企业对投资者要做到资本保全，并合理分配红利；对债权人要按期还本付息；对企业内部及职工要奖优罚劣、按劳分配，等等。企业要处理好各方面的经济利益关系，以实现国家、集体和个人的和谐一致。

### （六）成本—效益原则

成本—效益原则，就是对企业生产经营活动中的所费与所得进行分析比较，将花费的成本与所取得的效益进行对比，使成本与收益得到最优的结合，获取更多的盈利。显而易见，成本—效益原则贯穿于财务管理的全过程，自始至终力求企业在生产经营活动中以尽可能少的成本费用投入，获取尽可能多的效益产出，以实现企业价值最大化的理财目标，增加社会财富。例如，在企业筹资活动中，应对所发生的资金成本与所取得的利润率进行测算和对比分析；在投资决策中，应对投资额与投资收益额进行测算和比较分析等。

### （七）弹性原则

弹性是指伸缩性或留有余地。企业在追求准确和节约的同时，留有合理的伸缩余地就是财务管理的弹性原则。财务管理应努力实现收支平衡，略有结余。

企业在财务管理中，之所以要保持合理的弹性，主要是因为：

第一，财务管理环境复杂多变，企业一般缺乏完全的控制能力。

第二，财务管理人员的素质和能力不可能达到理想的境界，难免会出现管理的失误。

第三，财务预测、财务决策、财务计划都是对未来的一种大致规划，都要求在管理的各方面、各环节保持可调节的余地。

在财务管理实践中，企业对现金、存货留有一定的保险储备，编制计划时留有余地等，都是这一原则的具体应用。

# 第四节 企业的组织形式与财务的分层管理

企业如何采取不同的形式来管理财务活动，关系到财务管理的成功与否；财务管理能否成功，关系到企业的生存与发展。不同类型的企业，其财务组织形式与财务的分层管理形式是不同的。

## 一、企业的组织形式

企业的组织形式可以按照不同的类型进行分类，此处主要按企业产权主体的结构形式进行分类。

### （一）个人独资企业

个人独资企业是指由一个自然人出资创办的企业，是典型的非法人企业。
个人独资企业的特点如下：
第一，企业的全部资产归出资者个人所有。
第二，企业的全部债务由出资者个人偿还，并对负债负有无限责任。
个人独资企业的优点如下：
第一，企业的建立比较容易，成本低。
第二，不必准备正式的营运章程，也不必与他人订立投资协议。
第三，受政府管制少，不必缴纳企业所得税。
第四，企业盈余的使用权归出资者个人，但出资者必须按税法足额缴纳个人所得税。
个人独资企业的缺点如下：
第一，企业筹资的渠道少，因而筹资比较困难，对债权人缺少吸引力。
第二，企业的所有权转移要比公司制企业困难。
第三，出资者负有无限的偿债责任。

## （二）合伙企业

为了营利，由两人或两人以上共同出资、合伙经营的企业为合伙企业。

合伙企业有如下特征：

第一，相互代理。合伙企业的经营活动，由合伙人共同决定，合伙人有执行和监督的权利。

第二，责任无限。合伙组织作为一个整体，对债权人承担无限责任。

第三，财产共有。合伙人投入的财产，由合伙人统一管理和使用，不经其他合伙人同意，任何一位合伙人不得将合伙财产移为他用。

第四，利益共享。合伙企业在生产经营活动中所取得、积累的财产，归合伙人共有。

第五，生命有限。合伙企业比较容易设立和解散。合伙人签订了合伙协议，就宣告合伙企业的成立。导致合伙企业解散的原因有很多，如达到经营目标、新合伙人的加入、合伙人撤资、合伙人死亡、合伙协议到期、有特殊的条款等。

## （三）公司制企业

公司制企业是指依据法律规定，由法定人数以上的投资者（或股东）出资建立，具有法人资格的经济组织。公司制企业的种类很多，我国主要有有限责任公司和股份有限公司。

### 1.有限责任公司

有限责任公司是指由两个以上的股东（包括自然人和法人）共同出资，每个股东以其所认缴的出资额对公司承担有限责任，公司以其全部资产对其债务人承担责任的企业法人。其特征如下：

第一，公司的资本总额不分为等额的股份。

第二，公司向股东签发出资证明书，不发股票。

第三，公司的股份转让受到严格限制。

第四，限制股东人数，即股东人数有上限。

第五，股东以其出资比例享受权利，并相应地承担义务。

第六，公司的注册资本必须达到法定资本的要求。

### 2.股份有限公司

股份有限公司是指全部资本由等额股份构成，并通过发行股票筹集资本，其注册资本必须达到法定资本的要求。其特征如下：

第一，公司的资本总额平分为金额相等的股份。

第二，股东以其认购的股份对公司承担有限责任，公司以其全部财产对公司的债务承担责任。

第三，股东不得少于规定数量，即有下限而无上限。

第四，每一股份有一表决权。

第五，公司的财务报告必须经注册会计师审查验证并公开。

股份有限公司相对其他类型的企业具有以下优点：

第一，企业的寿命长。由于股份可以自由交换，任何股东的退出，不会影响企业组织的存在。我国的上市公司寿命更长，其破产的概率极低。

第二，筹集资本能力强。由于投资人仅负有限责任，而且股份也可以交换，因此，投资人更愿意把资金投入到股份公司，特别是上市公司。

第三，投资人的资金进出灵活。股份公司的股票可以自由交换，特别是上市公司的股票，可以在股市上流通。

## 二、企业财务的分层管理

由于在独资、合伙的企业组织形式中财务权是不可分的，所以此处财务的分层管理是针对公司制企业而言的。公司制企业的组织结构一般由股东大会、董事长与总经理、财务经理构成，这三个不同的利益和经济行为主体都将参与企业的财务管理，这就是企业财务的分层管理。

### （一）出资者财务

出资者财务是指由出资人投入资本，兼管资本的运用和经营，并对资本的存量结构进行调整的财务行为。其目的是确保资本的保值和增值。

出资者财务要使投资人享有对企业的控制权，只有这样，投资人才能对企业的财务活动进行监督与管理。为了保护所有者财产的安全与完整，投资人必须对企业的会计资料和财产状况进行监督；为了确保企业的盈利水平，投资人应制定成本、费用的开支范围；为了保护所有者权益，投资人需要对企业的对外投资，尤其是控制权性质的投资进行干预；为了追求资本的增值，投资人应对企业的利润分配做出决策。

## （二）经营者财务

经营者财务是指以董事长和总经理为代表的管理者负责企业的财务决策，并组织和协调整个企业的财务活动。

企业法人财产权的建立，使企业依法享有法人财产的占用、使用、处分和相应收益的权利，并以其全部法人财产自主经营、自负盈亏，对出资者承担资本的保值和增值的责任。经营者作为企业法人财产权主体的代表，享有财务管理权利，其对象是企业全部法人财产。

经营者财务是由管理者负责财务决策，包括融资决策、投资决策和股利政策。经营者财务还要求管理者对整个企业的财务活动过程进行组织和协调。从组织上看，管理者要对企业的全部财务活动过程进行指挥和监督。从协调上看，主要有两个协调：一是外部协调，即协调企业与股东、债权人、政府部门、往来单位的关系；二是内部协调，即协调企业内部各部门，减少内部摩擦，使企业的生产经营活动有序与和谐。

## （三）财务经理财务

财务经理财务是具体操作性财务，注重日常财务管理。其主体是企业的财务经理和财务主管人员，其主要的管理对象是短期资产的效率和短期债务的清偿。

为了确保企业日常财务管理活动的顺利进行，企业必须设立日常财务管理机构。这种机构的特点是拥有会计核算与财务管理的职能，此机构有以下三种类型：

### 1.以会计为核心的财务管理机构

以会计为核心的财务管理机构同时具备财务与会计两种职能。这种机构以会计职能为核心来划分内部职能，如设立存货、长期资产、结算、成本、出纳、报表等分部门，有的企业也单独设一个财务分部门。这种财务管理机构适合于中、小型企业。

### 2.与会计机构并行的财务管理机构

与会计机构并行的财务管理机构的特点是将会计核算职能与财务管理职能分离。财务管理职能由独立于会计核算职能以外的财务管理机构进行，它负责筹资、投资、分配及日常的财务管理活动。这种机构的设立适合大型企业。例如，董事会下设财务委员会，代表董事会监督和管理企业的财务活动；董事会选举董事长，董事长下设总经理，总经理下设生产、技术、财务、市场、人事五个副总经理；财务副总经理又被称为财务总监，财务总监下设会计部长与财务部长；会计部下设财务会计、成本会计、税务会计、数据处理四个分部门；财务部下设现金与有价证券、资本预算、财务计划、信用管理、投资、基金管理等分部门。

3.公司型财务管理机构

公司型财务管理机构又被称为财务公司，是指企业的财务管理机构是一个独立的公司法人，独立从事财务管理活动。财务公司是由企业集团成员单位组建，又为企业集团成员提供金融服务的非银行金融企业，内部除了设立从事财务活动的业务部门外，还设立一般公司所需的行政部门。财务公司是随着企业集团和跨国公司的产生而产生的。

# 第五节 我国财务管理体制的沿革

20世纪50年代，我国实行计划经济管理体制，绝大部分企业为国有企业，财务管理体制主要是国家与国有企业之间的财务关系。它主要表现在国有企业经营所需资金的供应方式，企业折旧基金的管理方法，企业经营所得收入、所获利润的分配办法等方面。

企业的财务管理体制，同经济管理体制和财政管理体制有密切的联系，并随着经济管理体制和财政管理体制的变化而变化。

1949年至20世纪90年代中期，我国企业财务管理体制主要经历了以下几个阶段：

## 一、建立集中统一的财务管理体制

国有企业虽然都实行经济核算制，但在财务管理上实行的则是集中统一的管理体制。当时的经济核算制不同于供给制，它的主要特点是：国家拨给企业资金，供企业生产经营周转使用；企业核算生产耗费和支出，计算成本，核算经营收入，确定盈亏；企业除缴纳流转税外，所获利润全部上缴国家，不缴所得税，亏损则由国家补贴。

1953 年至 1957 年，发展国民经济计划是我国的第一个五年计划。为了使国家能集中财力，满足国民经济发展的需求，国有企业利润全额上缴，亏损由国家补贴；企业的基本建设投资，流动资金及更新改造资金全部由国家财政拨款，企业无偿使用；企业计提的固定资产折旧基金全部上缴。当时在较短时期内对部分企业实行企业奖励基金制度和超计划利润分成制度。

这一时期的财务管理体制，对中华人民共和国成立初期的经济发展，起到了一定的作用，但束缚了企业的手脚，限制了企业的主动性与积极性。

## 二、企业下放给地方管理，适当扩大企业财权

从 1958 年开始，为了探索适合我国国情的社会主义建设道路，我国经济管理体制进行了一定的变革，主要表现为大批中央企业下放给地方管理，财务管理体制也做了许多改变。企业所需的流动资金，改为全部由银行贷款的方式供应，实行有偿使用。对企业与企业主管部门实行利润留存制度，留存的利润用于发展企业生产与职工集体福利。这一变革对调动企业积极性起到了一定的作用。

## 三、重新实行集中管理体制

1961 年，为了摆脱严重的经济困境，中国共产党第八届中央委员会第九次全体会议正式决定对国民经济实行"调整、巩固、充实、提高"的方针，在财务管理体制上重新实行集中统一管理体制。原来已下放归地方管理的企业，大部分又收回，由中央各部管理。在财务管理中，停止全额信贷，实行定额流动资金由财政拨款，超定额流动资金由银行贷款；停止利润留成制度，允许企业提取少量的奖励基金；企业的更新改造资金仍由财政拨款。

## 四、经济体制改革下的财务管理体制

中国共产党第十一届中央委员会第三次全体会议以来，我国开始实行经济体制的全

面改革，特别是建立了社会主义的市场经济体制。我国的经济建设飞速发展，人民生活水平大幅度提高，我国取得的经济成就震惊了全世界。这段时期内，财务管理体制进行了多次变革，主要有以下阶段：

（一）扩大企业财权，增强企业活力

从1978年起，我国对国有企业的财务管理体制进行了初步的改革，主要内容有：对国有企业先后实行企业基金制度和利润留成制度，让企业有一定的财权，将留存利润形成各种专用基金；实行资金有偿使用，企业占用的国家资金（即财政拨款）应缴纳一定比例的资金占用费；国家不再增拨流动资金，流动资金统一归银行管理；试行基本建设投资拨款改贷款，由该项目利润税前归还；折旧基金部分上缴国家，部分企业留用。

（二）实行利改税，进一步增强企业活力

利改税是指国有企业向国家上缴利润改为缴纳所得税，用法规的形式来确定企业与国家的利润分配方式。利改税分两步完成：

第一步，税利并存。税利并存是指国有企业除了缴纳所得税外，还要向国家缴纳一部分税后利润。有盈利的大、中型企业，按利润总额的55%缴纳所得税后，税后利润还要以调节税、定额包干等办法上缴一部分给国家，剩余部分为企业留利，作为发展生产、职工福利及奖励职工使用。对于小型企业，按八级超额累进税率缴纳所得税。

第二步，以税代利。利改税由税利并存过渡到以税代利，取消国有企业上缴利润的形式，使企业和国家的分配关系完全以税收的形式固定下来。以税代利主要包括以下几点内容：

第一，将工商税划分为产品税、增值税、营业税和盐税。

第二，对从事资源开发的企业开征资源税。

第三，恢复房地产税、土地使用税等四种地方税。

第四，对国有大、中型企业除按55%征收所得税外，还要征收调节税。

第五，税后利润形成企业专用基金。

同时，对上缴折旧基金也进行了改革，从1985年起，国有企业折旧基金全部由企业使用，不再上缴。

### （三）上缴利润的承包制度与税利分流

虽然实行了利改税，但国有大、中型企业留利仍很少，因为税后利润又被调节税收去了一部分。为了进一步调动国有大、中型企业的积极性，从 1987 年 5 月起，国有企业实行了承包经营责任制，这在当时原材料价格波动、企业发展困难、市场疲软、国家财政收入下降的情况下是一种可行的财务管理体制。这种制度要求"三包一挂"，即包上缴利润、包技术进步、包还贷款，工效挂钩，并按照"包死基数，确保上交，超收多留，欠收自补"的分配原则进行利润分配。

随着改革的深入，我国开始实行税利分流，即国有企业将所获利润分别以所得税和利润形式上缴国家，其余留给企业。其主要内容有：

第一，降低所得税率，国有大、中型企业的 55% 的税率降为 33%。

第二，取消企业税前还贷。

第三，取消调节税。

### （四）建立社会主义市场经济体制，确定国家与国有企业合理财务关系

随着改革的不断深入，1992 年我国建立了社会主义市场经济体制，使得国有企业和其他集体企业、合资企业、股份制企业等站在一条起跑线上。即国有企业与其他所有制形式的企业享受同样的待遇，与国家的财务关系为仅缴纳 33% 同一税率的所得税及流转税等，不再缴纳利润。

# 第二章 财务管理的价值尺度

## 第一节 货币的时间价值

众所周知，若将 100 元存入银行，一年期的定期存款利率为 10%，一年后就可以从银行取回 110 元。如果有人说，今年投资额为 10 000 元，明年收回 10 000 元就是保本，那就错了，因为当银行一年期的定期存款利率为 10%时，收回 11 000 元才能保本。这是从事财务管理的人要具备的基本知识，在理论上，货币的时间价值是指投入生产经营过程的货币，随着时间的推移所发生的增值额。货币的时间价值是企业筹资和投资决策的一个重要依据。

货币具有时间价值的前提条件是存在利息。当货币投入生产经营活动后，企业一般会取得利润，货币会发生增值。如果这笔钱是借入的，货币的所有者就要分享一部分增值额，分享多少可用利率表示，借款人一般要求获得社会平均资金利润率。这说明，货币时间价值存在的基本条件是货币必须投入生产经营过程。如果人们把货币放在家中，该货币不仅不增值，在通货膨胀时还会减少其实际价值。

## 一、单利与复利

### （一）单利

单利是指只对本金计算利息，利息不再计利息。例如，存入银行 100 元，年利率为 10%，3 年后的本利和为 100+（100×10%）×3=130（元）。我国目前银行存款、债券均采用单利计算。

## （二）复利

复利是指经过一定期间，将所生利息加入本金再计利息，逐渐滚算，俗称"利滚利"。如前例，采用复利计算，3 年后的本利和为 100+100×10%+（100+10）×10%+（100+10+11）×10%=133.10（元）。我国居民储蓄和债券虽采用单利计算利息，但它对于存款期的长短不同给予不同的利率，这就是考虑了复利的因素。

将货币的时间价值用于筹资或投资决策，必须用复利计算，不能用单利计算。因为筹资及投资直到资金的收回或退出均需要一段较长的时间，在已知单位时间利率时（一般为年利率），只有用复利法，才能正确计算出其终值或现值。

### 1.复利终值

复利终值是指现在投入一笔资金，在一定的利率下，按复利计算的将来某个时点的价值。例如，2021 年元月存入银行 100 元，年利率为 10%，2022 年元月本利和为 100+100×10% = 100×（1+10%）。若当即又将本息存入银行一年，2023 年元月本利和为 100×（1+10%）+100×（1+10%）×10% = 100×（1+10%）×（1+10%）= 100×（1+10%）$^2$，照这样反复进行下去，第 n 年的本利和为 100×（1+10%）$^n$。设终值为 F，现值为 P，利率为 i，时间为 n，可用通用公式 F＝P（1＋i）$^n$ 表达。

如某债券 10 年期，年利率为 10%，每年复利一次，则 n=10，i=10%；如果每半年复利一次，则 n=20，i=5%。

为了计算方便，人们设计了一系列复利系数表，计算终值时可查"复利终值系数表"，查表的方法是，在表上找出 n 与 i 的交点处即可查出所需系数。例如，当本金为 100 元，年利率为 10%，求 3 年后的终值时，应在 n=3，i=10%处查出系数为 1.331，故终值为 100×1.331=133.10（元）。

### 2.复利现值

复利现值是指将来收入的一笔资金，在一定的利率下，按复利计算的现在的价值。例如，3 年后打算收回 133.1 元，当年利率为 10%时，求现在必须存入的金额。看过前例，人们很快会回答，现在要存入 100 元。要计算现值，只要在"复利现值系数表"上查出所需系数，将已知的终值除以系数即可得出结果。

## 二、年金

年金是在商品经济社会中常遇到的问题。例如，一套公寓现售价 160 000 元，采用分期付款方式销售。假如要 10 年交清，每年付款一次，求每次要支付的金额数量。

如果有人回答，每次支付 16 000 元，那就错了，因为房地产公司不会无缘无故地把利息送给购房者。这就涉及了年金的概念，年金是指间隔期相同，按复利计算的连续支付或收取的一系列等额款项。

年金又分为普通年金与即付年金。普通年金是指款项的收支在期末发生；即付年金是指款项的收支在期初发生。年金的计算分为年金终值与年金现值。

### （一）年金终值

年金终值是指在一定时期内每期收付等额款项的复利终值之和。我国银行采用的零存整取的本利和就是典型的年金终值。

### （二）年金现值

年金现值是一定时期内每期收付款项的复利现值之和。

# 第二节 风险与收益

## 一、投资风险

投资是指投资人希望将来取得更多的收入而发生的支出行为。因为将来的事情具有不确定性，所以投资具有风险。风险是客观存在的，想要规避风险，就必须认识风险，掌握对付风险的办法。风险可按产生的原因和风险的系统性来分类。

## （一）具体风险

按产生的原因来分类的风险为具体风险。具体风险包括：一般经济风险、通货膨胀风险、经营风险、财务风险和政治风险。

### 1.一般经济风险

一般经济风险是指国家经济衰退、萧条时，个人会面临减少工作时间而降低工资收入，甚至失业的危险；企业会遭遇产品积压、利润降低，甚至破产的危险。

### 2.通货膨胀风险

通货膨胀风险是指因通货膨胀率过高而造成物价上涨，从而引起个人实际收入降低的风险。人们习惯认为通货膨胀对企业的影响不大，企业增加的成本可以通过提高产品的售价来弥补。其实不然，通货膨胀往往会造成材料涨价、工资上升，并不是每一个企业都能按比例提高产品售价。因为一旦通货膨胀率过高，一些消费者会改变消费习惯，导致有些企业会出现产品提价后滞销、不提价便亏本的不利局面。

### 3.经营风险

经营风险是指因市场的不确定性而造成的风险。一般来说，消费者的需求会经常发生变化。例如，当大多数消费者从偏爱罐装饮料转为偏爱瓶装饮料时，易拉罐制品厂就会面临困难。由于市场具有不确定性，企业也不能确定产品的品种、售价、产量，这对企业的投资决策造成了困难。

### 4.财务风险

财务风险是指企业因负债而造成的风险。一般来说，资产负债率越高，其财务风险也越高。按常理，借债必还（包括利息），但是，一般企业为有限责任公司，它偿还债务的责任是有限的。当企业资不抵债而破产时，债权人尤为重要。

### 5.政治风险

政治风险是指因国家政策不断变化，甚至发生战争而造成的风险。长期以来，我国政局稳定，社会安定，吸引了不少外资。如果某一国家或地区战乱频繁，内乱不断，那么，几乎不会有企业愿意把资金投入这一国家或地区。

## （二）系统风险和非系统风险

风险按其系统性可分为系统风险和非系统风险。

### 1.系统风险

系统风险又被称为不可分散风险或市场风险，有经济损失的可能性。例如，利率的变化、投资人对经济发展的看法等，都有可能成为系统风险。

### 2.非系统风险

非系统风险又被称为可分散风险或个别风险，是指企业面临的特有风险，会对该企业发行的证券带来影响。例如，企业经营管理不善、企业资产负债率过高、政府有关法规的影响、国际竞争的影响等，都有可能成为非系统风险。这种风险发生时，投资人可通过证券持有的多样化来抵消。

## 二、风险的测算

企业对于客观存在的风险，必须做到心中有数。对风险的估计与测算，是进行投资决策的关键。估计与测算风险时，一般采用概率法。使用概率法时，需要对各事项的可能性进行估计（最好请专家协助），应先个别征求意见，然后综合计算，提高预计的准确性。例如，调查某项事件时，先分别询问不同人的态度和意见，然后将调查结果综合起来，做出较明智的结论。

在估计好可能性的情况下，通过概率分布，计算出概率分布的标准差、投资的期望收益与标准离差率，便可进行一般的风险投资决策。

### （一）概率及正态分布

#### 1.概率

概率是指事件发生的可能性，如抛硬币呈现国徽或数额的可能性均为50%。在经济活动中，某一事件在相同的条件下可能发生，也可能不发生，这类事件被称为随机事件。概率是用来表示随机事件发生可能性大小的数值。通常，人们把必然发生的事件的概率定为1，把不可能发生的事件的概率定为0，而任何随机事件的概率都是介于0与1之间。

## 2.正态分布

如果随机变量只取有限个值,并对应这些值有确定的概率,则称随机变量的概率分布为离散型分布。如果有无数情况出现,并对每种情况都赋予一个概率,则可用连续型分布来描述。在连续型分布的情况下,如果其曲线为对称的钟形,就称之为正态分布。一般来说,呈正态分布的事件较多,如人们的身高等。按照统计学原理,不论总体分布是正态或非正态,当样本量很大时,其样本平均数都呈正态分布。

## (二)期望值

期望值是指按概率分布计算加权平均值。以计算投资收益为例,其期望值的计算公式如下:

$$期望值=\Sigma 概率 \times 预测收益$$

## (三)标准差

标准差是反映不同风险条件下的收益额与期望收益之间离散程度的指标。标准差可从以下三个方面来测算风险,进行决策:

第一,标准差可以反映未来股票的售价范围。在绝大多数情况下,股票未来的售价范围在期望值与二倍标准差之间。

第二,标准差可用于期望值相等的多种方案的决策。

第三,标准差与期望值的比率就是标准离差率。

## (四)标准离差率

标准离差率是指标准差与期望值的比值,主要用于比较不同方案的风险程度。报酬率一般用于分析股票和债券的投资。现在,人们更多地把它用于企业财务的分析,用报酬率可以更方便地计算现金流量。

## 三、证券投资与风险

### (一) 多样化投资

一般来讲,投资者关心的是全部财产的投资风险,并不是部分财产的投资风险。采用多种方式投资就可以降低全部财产的投资风险。投资者可采用购买多种股票的方式,也可采用股票投资、债券投资和房地产投资等方式。

以多样化投资来降低风险,必须考虑组合风险和各种投资的相关性等问题。

1. 组合风险

对单一投资方式的风险测算,可用标准差和期望报酬率来评价;对多种投资方式的风险测定,则可通过组合风险来评价。组合风险的大小,取决于各种投资的标准差和期望报酬率的大小,即各种投资风险的大小。

2. 相关性

相关性是指各种投资在将来经济形势下的发展趋势的比值。例如,随着经济形势的变化,某两种股票的市价以相同的比率朝同一个方向变动,那么它们的相关性为1;某两种股票的市价以相同的比率朝相反的方向变动,那么它们的相关性为-1;某种股票的市价变动,而另一种股票市价不动,它们的相关性为0。

相关性对于多种方式投资尤为重要,假设某人所采用的多种投资方式的报酬率都随着经济形势的变化同比率地朝一个方向变动,那么其组合风险等于个别风险,这时,多种投资方式起不到降低风险的作用,所采用的多种投资方式已无意义。

在证券市场中,各种证券之间负相关与零相关的现象很少发生。虽然它们之间大都是正相关,但它们的相关性都小于1。进行证券组合投资时,要选择相关性低的证券,这样购入的多种证券将来获得的收益较多,而风险较小。

### (二) 风险与证券收益

风险与收益可称为一对孪生兄弟,要想投资获得的收益多,所冒风险就大;要想投资风险小,其获得的收益就低。例如,在我国风险最低的投资要算国库券和银行存款(我国银行倒闭的可能性极小),所以银行存款的利率最低。一般而言国库券利率不能高于银行存款利率,但我国国库券利率高于银行存款利率,原因可能是发行方式不先进、还本付息的期限太长、支付方式单调等。证券按收益从小到大的顺序排列是：国库券、金融债券、企业债券、优先股、普通股。

证券投资可分为两种类型：固定收入的证券和变动收入的证券。

**1.固定收入的证券**

固定收入的证券是指根据投资协议，投资人可定期获得等额回报的证券投资，如长期债券和优先股。

（1）长期债券

长期债券是典型的固定收入债券，西方国家的长期债券一般按期付息，即一年或半年支付一次利息。长期债券的售价可根据每次支付利息额（年金）、债券期限和利率计算。一个明智的投资者不仅要关心债券的面额、年利息额，更重要的是注意债券的实际报酬率和债券的风险，要在债券的实际报酬率和风险之间权衡，以便做出最佳决策。

不同的管理机构根据自身业务特性及目的，采取了不同的信用等级划分标准。较为流行的是三等九级信用等级标准，被大多银行和评级机构所认可。根据《中国软件服务业企业信用评价管理办法》规定，软件企业信用评价等级划分为 AAA、AA、A、BBB、BB、B、CCC、CC、C 三等九级。AAA 级表示企业实力雄厚，抗风险能力很高，资信状况优秀；AA 级表示企业实力强，抗风险能力高，资信状况良好；A 级表示企业实力较强，抗风险能力较强，资信状况正常；BBB 级表示企业实力一般，抗风险能力一般，资信状况尚佳；BB 级表示企业实力欠佳，抗风险能力欠佳，资信状况欠佳；B 级表示企业实力较弱，抗风险能力较弱，资信状况尚可；CCC 级表示企业实力弱，抗风险能力低，资信状况较差；CC 级表示企业实力很弱，抗风险能力很低，资信状况差；C 级表示企业濒临破产，基本无信用。2023 年，中国银行保险监督管理委员会办公厅发布《关于调整保险资金投资债券信用评级要求等有关事项的通知》，要求"保险公司投资单一国内信用评级机构评定的 BBB 级（含）信用评级以下的企业（公司）债券账面余额，不得超过该债券当期发行规模的 10%"。根据我国证券交易规则规定，企业信用必须在 A 级以上才有资格向社会公开发行债券，目的是保护投资者的利益和社会安定。专门机构公布的等级指标，主要供投资者参考，而且有一定的时效性。

一般来说，风险度相同的企业债券的实际报酬率差不多，但有时也不是这样，因为财务服务公司的评价并不十分准确。有经验的投资者不依赖于财务服务公司评价的等级，他们自己对风险进行评价，然后做出决策。

**（2）优先股**

优先股是指比普通股享有某些优先权的股票，有固定的股息。优先权有积累优先、参与优先、转换优先、剩余财产分配优先、赎回优先。除了利息外，要取得其他的优先权就要有更多的投资。优先股股东只有涉及优先股事件的投票权，没有其他管理权。对于只有固定股息的优先股，其价值的计算可采用永续年金的计算方法。

在证券市场上，债券的报酬率一般随着风险度成正比例变化，债券的报酬率等于期望报酬率。如果两者不相等，债券的市场价格就要发生变化。当某债券的报酬率高于其期望报酬率时，投资者们会争相购买该债券，致使该债券的价格升高；反之，人们会抛售该债券，使其价格降低。从另一方面来看，债券价格的变化使债券报酬率也发生变化，前者提高，后者降低；前者降低，后者提高。

风险与报酬率两者关系的准确测定一般由专家来进行，用得最广的理论与方法是资本资产定价模式。

**2.变动收入的证券**

固定收入的证券是指承诺定期等额支付给投资者的一笔收益，而有些证券做不到这一点，如普通股，这就是变动收入的证券。

变动收入的证券收益可分为两部分，其一为期间收益（如股票股利、债券利息）；其二为放弃资产所有权的收益（如股票售出收入、债券到期本金收入）。要计算证券的全部收益，可分别计算期间收益和到期收益，然后求和。变动收入的证券总收益的计算很困难，其期间收益是由发行股票的企业经济状况决定的，其到期收益是由当时股票的行情决定的，这些都是未知数。所以，要准确计算普通股到期时的总收益是不可能的。

如果已知股票的各期间收益与到期收益，便可计算股票的售价或报酬率。

# 第三节 利息率

利息率，也被称为利率。利息是利润的一部分，是劳动者创造的剩余产品价值的一部分。本章前述货币的时间价值、证券的风险价值都是以利息率的形式表现出来的。

利率是企业财务管理活动不可忽视的重要因素，企业在进行筹资活动与投资活动时都必须考虑利率因素，这样才可能达到预期的财务目标。

## 一、利率的分类

利率是资金的增值额同投入资金价值之比率，是衡量资金增值程度的指标。货币是资金市场的特殊商品，利率就是该商品的价格标准。在资金市场上，资金的融通是通过利率在市场机制的作用下实行分配与再分配的。在假定风险相同的情况下，谁的利率高，谁就能吸引更多的资金。例如，某企业效益好，为了扩大生产规模必须发行债券，为了更多、更快地吸引资金，该企业发行较高利率的债券。那么，不仅一些持有货币资金的投资者会购买该债券，而且一些持有低利息证券的投资者还会卖掉他们持有的原证券而购买该企业债券。这样，资金就将从低利率的投资项目不断向高利率的投资项目转移。在发达的市场经济条件下，资金从低收益项目向高收益项目流动，是由市场机制通过利率的差异来决定的。

利率可按不同的标准进行分类：

### （一）按利率之间的变动关系分类

按利率之间的变动关系，利率可分为基准利率和套算利率。

基准利率，又被称为基本利率，是指在多种利率并存的条件下起决定作用的利率。基本利率变动，其他利率也相应变动。在西方国家，基准利率一般是中央银行的再贴现率；在我国，基准利率是中国人民银行对商业银行贷款的利率。

套算利率是各金融机构根据基准利率和借贷款项的特点而换算出来的利率。例如，某金融机构规定，按企业的信用等级，每一级企业的贷款利率在基准利率基础上加 0.5%，如基准利率为 5%，则 AAA 级企业贷款利率为 5.5%，AA 级企业贷款利率为 6%，A 级企业贷款利率为 6.5%。

### （二）按投资者取得的报酬情况分类

按投资者取得的报酬情况，利率可分为实际利率与名义利率。

实际利率是指在物价不变的情况下的利率。在市场经济环境下，通货膨胀是一种普遍现象，一般来讲，名义利率高于实际利率，两者之差为通货膨胀率。

在通货膨胀的条件下，市场上各种利率都是名义利率，实际利率是不易直接观察到的，只能通过名义利率与通货膨胀率计算出实际利率。例如，名义利率为4%，当通货膨胀率为2%，则实际利率为2%，若通货膨胀率为5%，则实际利率为-1%。

### （三）按利率是否随市场资金供求关系变化分类

按利率是否随市场资金供求关系变化，可分为固定利率与浮动利率。

固定利率是指在借贷期内固定不变的利率。市场经济初期一般都采用固定利率，这样做便于借贷双方确定成本和收益。因市场经济不断发展，以及受到其他因素影响，世界各国都存在不同程度的通货膨胀，在这种情况下，使用固定利率会损害债权人的利益。因此，一些发达国家逐渐放弃使用固定利率。

浮动利率是指在借贷期内可以调整的利率。根据借贷协议，贷款利息可在规定的时间根据市场的利率进行调整。这样可保护债权人的利益，但计算手续复杂，不便操作。我国很少采用浮动利率。

### （四）按利率变动与市场的关系分类

按利率变动与市场的关系，可分为市场利率和公定利率。

市场利率是根据资金市场的供求关系，随着市场规律而自由变动的利率。市场利率一般可参照信用等级较高的企业，如A级企业的债券利率。

公定利率，又被称为法定利率，是指由政府金融管理部门确定的利率，是国家进行宏观调控的一种手段。我国利率属于公定利率，由国务院统一制定，中国人民银行统一管理。西方发达国家，一般以市场利率为主，同时也有公定利率。

## 二、决定利率水平的因素

决定利率水平的因素较多，如资金的供求关系、通货膨胀水平、国家货币政策与财政政策、经济周期、国际经济政治关系、国家利率管制程度等。这些因素中，最基本的因素还是资金的供给和需求。众所周知，商品的价格水平是由供求关系来决定的，作为特殊商品的资金价格的利率，也是由资金的供给和需求两方面来决定的。

从资金的供给量来看，利率水平与一般商品价格一样，当资金紧俏时，其利率水平高；当资金供给量充足时，其价格水平会随之降低。

从资金的需求量来分析，企业在选择投资机会时，首先选择投资报酬率高的项目，随后选择投资报酬率低的项目。随着投资项目的增多，平均投资报酬率就会随之降低，此时投资者愿意扩大投资规模，以谋取更多的利润。这就说明，利率越低，资金需求量就越大；利率越高，资金的需求量就越小。

## 三、预测未来利率水平

预测未来利率水平，首先要分析利率的构成，然后逐项测算，最后求和，即预测出未来的利率。

利率通常由三部分构成：纯利率、通货膨胀补偿率、风险报酬率。

### （一）纯利率

纯利率是指没有风险和没有通货膨胀下的均衡利率。纯利率不是一成不变的，它随着资金的供求变化而变化。影响纯利率的基本因素是资金的供给量与需求量，所以在实际工作中，通常以无通货膨胀情况下的国库券（无风险证券）的利率来代表纯利率。

### （二）通货膨胀补偿率

持续的通货膨胀，会影响投资项目的投资报酬率。在资金市场上，因为通货膨胀，资金供应者会提高利率水平以补偿其购买力损失。在通货膨胀时，要计算无风险证券利率，就要用纯利率加上通货膨胀补偿率。例如，纯利率为2%，预计明年通货膨胀率为3%，则明年国库券利率应为5%。

### （三）风险报酬率

风险报酬率是风险报酬与原投资额的比率。风险报酬是指投资者因承担风险而获得的超过时间价值的那部分额外报酬，分为违约风险报酬、流动性风险报酬和期限风险报酬三种。

1. 违约风险报酬

违约风险报酬是风险报酬率中的主要项目,是指借款人无法按时支付利息或偿还本金而给投资人带来的风险。违约风险反映了借款人的信用程度,如果借款人经常不能按期支付利息、本金,说明该借款人违约风险率高,为了弥补该风险,必须提高该利率。一般来讲,违约风险与证券利率成正比例关系,即某证券违约风险越高,其利率必然越高。国库券由政府发行,可以看成无违约风险,所以国库券利率不包括违约风险报酬,其利率就低。企业债券的违约风险可根据企业的信用等级来确定,企业信用等级越高,其违约风险越低。

2. 流动性风险报酬

流动性风险报酬是指某项资产能够迅速转化为现金的可能性。证券可通过证券市场转化为现金,说明其变现能力强,流动性风险小;反之,则说明其变现能力弱,流动性风险大。流动性风险的大小一般与发行证券的企业、机构的信用程度成正比,政府债券、金融债券、大公司的股票与债券,由于信用好,变现能力强,所以其流动性风险小。一些不知名的中、小型企业发行的证券,其流动性风险较大。流动性风险对利率的影响不太大,流动性风险小的证券比流动性风险大的证券的利率约低1%~2%(假定其他因素相同),此利率的差异为流动性风险报酬率。

3. 期限风险报酬

负债的到期日越长,债权人承受的不确定因素就越多,承担的风险也越大,为弥补这种风险而增加的利率水平,就是期限风险报酬。一般来说,长期利率高于短期利率,高出的部分就是期限性风险报酬率。需要说明的是,在利率剧烈波动的情况下,也会出现短期利率高于长期利率的情况。我国的外币存款利率有时就会出现这种情况。

# 第三章 财务管理的基本分类

## 第一节 筹资管理

### 一、企业筹资概述

（一）企业筹资的意义和原则

1.企业筹资的意义

资金是企业持续从事经营活动的基本条件，筹集资金是企业理财的起点。企业必须筹集资金，进行企业的设立、登记，这样才能开展正常的经营活动；企业扩大生产经营规模、开发新产品、进行技术改造，需要筹集资金，用于追加投资。因而，资金融通，即筹集资金，是决定资金规模和生产经营发展速度的重要环节，直接制约着资金的投入和运用。资金的运用，关系到资金的分配，而资金的分配，又制约着资金的再筹集与投入。所谓筹资，就是企业从自身的生产经营现状及资金运用情况出发，根据企业未来的经营策略和发展需要，经过科学的预测和决策，通过一定的渠道，采用一定的方式，向企业的投资者及债权人筹集资金，组织资金的供应，保证企业生产经营客观需要的一项理财活动。

市场经济体制的建立，必然要求企业真正成为独立的经济实体，成为自主经营、自负盈亏的社会主义商品生产者和经营者。资金筹集是企业资金运动的起点，只有自主筹集资金，企业才能把握资金运用的自主权，真正实现自主经营、自我发展和自负盈亏，成为名副其实的具有充分活力与竞争力的市场主体。

**2.企业筹资的原则**

在筹资过程中,企业会面临许多问题,何时筹资、通过什么渠道、采用什么方式进行筹资,以及筹资的数量、成本和资金的使用条件等,都是筹资工作必须解决的问题。为此,企业筹资应遵循以下原则:

(1)合理性原则

企业筹资的目的在于确保企业生产经营所必需的资金。资金不足,固然会影响生产经营发展;而资金过剩,则可能导致资金使用效果降低。所以,筹集资金应掌握一个合理界限,即保证企业生产经营正常、高效运行的最低需要量。

(2)效益性原则

企业在选择资金来源、决定筹资方式时,必须综合考虑资金成本、筹资风险及投资效益等诸多方面的因素。

资金成本,是对筹资效益的一种扣除,亦指企业为取得某种资金的使用权而付出的代价。它是资金使用者向资金所有者支付的报酬及有关的筹措费用,包括借款利息、债券利息、支付给股东的股利,以及股票发行费、债券注册费等。

总之,不同的筹资渠道、筹资方式,其资金成本各不相同,取得资金的难易程度也不尽一致,企业所承担的风险大小也不一样。为此,筹资者应根据不同的资金需要与筹资政策,考虑筹资的各种渠道、约束条件和风险程度等,把资金来源和资金投向综合起来,全面考察,分析资金成本率和投资收益率,力求以最少的资金成本实现最大的投资收益。

(3)科学性原则

科学地确定企业资金来源的结构,寻求筹资方式的最优组合,这是企业筹资工作应遵循的重要原则。

**(二)企业筹资的动机与要求**

**1.企业筹资的动机**

企业进行筹资的基本目的是自身的生存与发展。企业筹资通常受一定动机的驱使,动机主要包括扩张性动机、偿债性动机和混合性动机。企业财务人员应客观地评价筹资动机,预见各种筹资动机带来的后果。

(1)扩张性动机

扩张性动机是由企业出于扩大生产规模而增加资产的目的所促成的。例如,企业在其产品寿命周期的开拓和扩张时期，往往需要筹集大量资金，尤其是长期资金。

（2）偿债性动机

企业为了偿还某些债务而筹资形成的动机，被称为偿债性动机，即借新债还旧债。偿债性筹资可分为两种情况：

一是调整性偿债筹资，即企业虽有足够的能力支付到期旧债，但为了调整原有的资本结构，仍然举债，从而使资本结构更加合理，这是主动的筹资策略。

二是恶化性偿债筹资，即企业现有的支付能力已不足以偿还到期旧债，被迫举债还债，这种情况说明财务状况已有恶化。

（3）混合性动机

企业因同时需要长期资金和现金而形成的筹资动机，被称为混合性动机。通过混合性筹资，企业既扩大了企业资金规模，又偿还了部分旧债。即在这种筹资中，混合性筹资混合了扩张性筹资和偿债性筹资两种动机。

2.企业筹资的要求

企业筹资的总体要求是，要分析评价影响筹资的各种因素，讲究筹资的综合效果。具体要求主要有：

（1）合理确定筹资数量，努力提高筹资效果

企业在开展筹资活动之前，应合理确定资金的需要量，并使筹资数量与需要量达到平衡，防止筹资不足影响生产经营或筹资过剩降低筹资效果。

（2）认真地选择筹资来源，力求降低资金成本

企业筹资可采用的渠道和方式多种多样，不同筹资的难易程度、资金成本和财务风险各不一样。因此，企业应认真地选择筹资来源，力求降低资金成本。

（3）适时取得资金来源，保证资金投放需要

筹措取得的资金要按照资金的投放和使用时间来合理安排，使筹资与用资在时间上相衔接，避免筹取过早造成投用前的闲置或筹取滞后影响投放的有利时机。

### （三）企业筹资的渠道和方式

1.企业筹资的渠道

企业筹资的渠道是指企业取得资金的来源。资金来源是指企业进行生产经营活动所需的一切资金的源头，是企业资金运动的起点。

资金来源主要包括：财政资金、银行信贷资金、其他金融机构资金、其他企业资金、居民个人资金和企业自留资金等。

（1）财政资金

财政资金是指国家运用价值形式参与社会产品分配，形成归国家集中或非集中支配，并用于指定用途的资金。国有企业可以以财政拨款方式取得国家财政资金。

（2）银行信贷资金

银行信贷资金是指通过银行信用形式筹集资金，它是各类企业筹资的重要渠道。我国银行一般分为中央银行、商业性银行和政策性银行。中央银行即中国人民银行；商业性银行主要有中国农业银行、中国工商银行、中国建设银行、交通银行等；政策性银行主要有国家开发银行、中国进出口银行和中国农业发展银行。

（3）其他金融机构资金

其他金融机构主要是指信托投资公司、保险公司、金融租赁公司、证券公司、财务公司等。它们所提供的各种金融服务，既包括信贷资金投放，也包括物资的融通，还包括为企业承销证券等。

（4）其他企业资金

企业在生产经营过程中会形成部分暂时闲置的资金，并出于一定的目的而进行相互投资。

（5）居民个人资金

企业职工和居民个人的节余货币，可用于对企业投资，这就形成了民间资金渠道。

（6）企业自留资金

企业自留资金是企业生产经营形成的净收益留存在企业的部分，包括提取公积金和未分配利润。

## 2.企业筹资的方式

筹资方式是指企业取得资金的具体方式或形式。企业认识筹资方式的种类及特点有利于选择合适的筹资方式，有效地进行筹资组合，降低筹资成本，提高筹资效益。

（1）按筹集资金的来源

第一，权益筹资。

权益筹资是指企业通过吸收直接投资、发行股票、内部积累等方式筹集资金。

第二，债务筹资。

债务筹资是指企业按约定代价和用途取得且需要按期还本付息的方式筹集资金。

（2）按筹集资金期限的长短

第一，长期筹资。

长期筹资是指筹集可供企业长期（一般为1年以上）使用的资金，主要用于企业新产品、新项目的开发与推广，生产规模的扩大，设备的更新与改造等。

第二，短期筹资。

短期筹资是指期限在1年以下的筹款，是为满足企业临时性流动资金需要而进行的筹资活动。

（3）按是否通过金融中介机构进行筹资

第一，直接筹资。

直接筹资是指拥有暂时闲置资金的单位与需要资金的单位直接订立协议，或通过购买需要资金单位的有价证券向其提供资金。

第二，间接筹资。

间接筹资是指拥有暂时闲置资金的单位通过存款的形式，或者购买银行、信托、保险等金融机构发行的有价证券，将其暂时闲置的资金先提供给这些金融中介机构，然后再由这些金融中介机构以贷款、贴现等形式向需要资金的单位提供资金。

（4）按资金是否由企业内部的生产经营形成

第一，内部筹资。

内部筹资是指由公司的经营活动而产生的资金，即公司内部融通的资金。它主要由留存收益和折旧构成。

第二，外部筹资。

外部筹资是指来源于企业外部的经济主体的资金。

（四）资金需要量预测

企业筹集资金首先要对资金需要量进行预测，即对企业未来组织生产经营活动的资金需要量进行预测、估计、分析和判断。由于企业资金主要用在固定资产和流动资产上，而这两项资产的性质、用途和占用资金的数额都不相同，所以需要分别测算。在企业正常经营的情况下，主要是对流动资金需要量进行预测。预测的方法通常分为如下两类：

1.定性预测法

定性预测法是根据调查研究所掌握的情况和数据资料，凭借预测人员的知识和经验，对资金需要量所做的判断。一般在缺乏完备、准确的历史数据时采用此法。预测的主要程序如下：

第一，由熟悉企业经营情况和财务情况的专家，根据其经验对未来情况进行分析、判断，提出资金需要量的初步意见。

第二，通过各种形式，如信函调查、开座谈会等形式，参照本地区同类企业的情况进行分析、判断。

第三，得出预测结果。

2.定量预测法

定量预测法是指以资金需要量与有关因素的关系为依据，在掌握大量历史数据的基础上，选用一定的数学方法加以计算，并将计算结果作为预测数的一种方法。定量预测法种类很多，如趋势分析法、相关分析法、线性规划法等。

## 二、普通股筹资

普通股是股份有限公司的首要资本来源。在资产负债表上的负债和所有者权益栏中，可能没有长期负债，没有优先股，但不可能没有股本金。

（一）普通股的概念

1.普通股及其股东权利

普通股是股份有限公司发行的无特别权利的股份，也是最基本、最标准的股份。通常情况下，股份有限公司只发行普通股，发行普通股股票筹集到的资金被称为股本或股本总额，是公司资本的主体。

普通股持有人是公司的基本股东，一般具有如下权利：

（1）对公司的管理权

普通股股东具有对公司的管理权。对大公司来说，普通股股东数目多，不可能每个人都直接对公司进行管理。普通股股东的管理权主要体现在其在董事会选举中有选举权和被选举权，通过选举出的董事会来代表所有股东对企业进行控制和管理。具体来说，普通股股东的管理权主要表现为：

第一，投票权。普通股股东有权投票选举公司董事会成员，并有权就修改公司章程、改变公司资本结构、批准出售公司某些资产、吸收或兼并其他公司等重大问题进行投票表决。

第二，对公司账目和股东大会决议的审查权。

第三，对公司事务的质询权。

（2）分享盈余的权利

分享盈余也是普通股股东的一项基本权利。盈余的分配方案由董事会决定，并由股东大会审议通过。

（3）出售或转让股份的权利

股东有权出售或转让股票，这是普通股股东的一项基本权利，但股份转让权的行使必须符合《中华人民共和国公司法》和公司章程规定的条件、程序及其他法规。

（4）优先认股权

当公司增发普通股股票时，旧股东有权按持有公司股票的比例优先认购新股票。这主要是为了现有股东保持其在公司股份中原来所占的百分比，以保证股东们的控制权。《中华人民共和国公司法》中规定股东具有遵守公司章程、缴纳股款、对公司负有限责任等义务。

2.普通股的种类

股份有限公司根据有关法规规定，以及筹资和投资者的需要，可以发行不同种类的普通股。

（1）按投资主体不同

按投资主体不同，可以分为国家股、法人股、个人股等。

第一，国家股。

国家股是有权代表国家投资的部门或机构以国有资产向公司投入而形成的股份。

第二，法人股。

法人股是企业法人依法以其可支配的财产向公司投入而形成的股份，或具有法人资格的事业单位和社会团体，以国家允许的用于经营的资产向公司投入而形成的股份。

第三，个人股。

个人股是社会个人或公司内部职工以个人合法财产投入公司而形成的股份。

（2）按股票发行时的特别规定

按股票发行时的特别规定，可以分为如下几种：

第一，按股票有无记名，可以分为记名股票和不记名股票。

记名股票是在股票票面上记载股东姓名或名称的股票。这种股票除了股票上所记载的股东外，其他人不得行使其股权，且股份的转让有严格的法律程序与手续，需办理过户。

不记名股票是票面上不记载股东姓名或名称的股票。这种股票的持有人即股份的所有人，具有股东资格。股票的转让比较自由、方便，无须办理过户手续。

第二，按股票是否标明金额，可分为有面值股票和无面值股票。

有面值股票是在票面上标有一定金额的股票。持有这种股票的股东，对公司享有的权利和承担义务的大小，依其所持有的股票票面金额占公司发行在外股票总面值的比例而定。

无面值股票是不在票面上标出金额，只载明所占公司股本总额的比例或股份数的股票。无面值股票的价值随公司财产的增减而变动，且股东对公司享有权利和承担义务的大小，依股票标明的比例而定。

第三，根据股票发行对象和上市地区，可将股票分为A股、B股、H股和N股。

A股是供我国大陆地区个人或法人买卖的，以人民币标明票面金额，并以人民币认购和交易的股票。

B股、H股和N股是专供外国和我国香港、澳门和台湾地区投资者买卖的，以人民币标明票面金额但以外币认购和交易的股票。

**3.普通股筹资的优缺点**

（1）利用普通股筹资的优势

与其他筹资方式相比，利用普通股筹资主要有以下优点：

第一，发行普通股筹措的资本具有永久性，无到期日，不需归还。这对保证公司对资本的最低需要、维持公司的长期稳定发展极为有益。

第二，公司没有支付普通股股利的法定义务，可以根据具体情况行事。由于没有固定的股利负担，股利的支付与否和支付多少，视公司有无盈利和经营需要而定，经营波动给公司带来的债务负担相对较小。

第三，发行普通股筹集的资本是公司最基本的资金来源。这反映了公司的实力，可作为其他方式筹资的基础，尤其可为债权人提供保障，增强公司的举债能力。

第四，由于普通股的预期收益较高，并可一定程度地抵消通货膨胀的影响（通常在通货膨胀期间，当不动产升值时，股票也随之升值）。

另外，如果不受《中华人民共和国公司法》等有关法规限制，公司可用普通股的买进或卖出来临时改变公司资本结构。例如，在公司盈利较高时，为防止现金的大量流失，公司可以在未公布盈利前，在市场上购买自己的普通股，作为库藏股储存起来；在公司经营不景气致使普通股市价下跌时，如果公司预测未来经营情况良好，亦可购进自己的股票储存起来，等盈利增多时再予抛售。

（2）利用普通股筹资的不足

与其他筹资方式相比，利用普通股筹资主要有以下缺点：

第一，筹资的资本成本较高。首先，筹措普通股时发生的费用（如包销费）较高。其次，从投资者角度而言，投资普通股的风险较高，因而相应地要求有较高的投资报酬率。

第二，以普通股筹资会增加新股东，这可能分散公司的控制权。

### 4.普通股股票的票面要素

股份有限公司成立的方式有两种，即发起式和募集式。

采用发起式方式成立的公司，公司股份由发起人认购，不向发起人以外的任何人募集股份，而且只能发行股权证，不能发行股票。

采用社会公众募集方式设立的公司，其股份除发起人认购外，其余股份应向公众公开发行。募集式设立的公司只能发行股票，不能发行股权证。

由于普通股股票可以随时进行转让和买卖，是一种长期性的有价证券，因此对股票的印制有严格的质量要求，必须事先经中国人民银行审定，并在指定的印刷厂印制。近年来，普通股股票逐渐趋向于"无纸化股票"，但不论是哪种，股票票面要素必须足以表明股份公司的基本情况和发行股票的基本情况。其中包括：

第一，发行股票的公司名称、住所，并有董事长签名和公司盖章。

第二，股票字样，包括标明"普通股"字样。

第三，公司设立登记或新股发行的变更登记的文号及日期。

第四，股票面值和股票发行总数。

第五，股东姓名或名称。

第六，股票号码。

第七，发行日期。

第八，股票背面简要说明（如股息、红利分配原则和股东权益及义务，转让、挂失、过户的规定等）。

## （二）股票上市

### 1.股票上市的目的

股票上市是指股份有限公司已发行的股票经证券交易所批准后，在交易所进行公开挂牌交易的法律行为。按照国际通行的做法，非公开募集发行的股票或未向证券交易所申请上市的非上市证券，应在证券交易所外的市场上流通转让。

股份公司申请股票上市，一般是出于以下目的：

第一，资本大众化，分散风险。

股票上市后，会有更多的投资者认购公司股份，公司则可将部分股份转售给这些投资者，再将得到的资金用于其他方面，这就分散了公司的风险。

第二，提高股票的变现力。

股票上市后便于投资者购买，自然提高了股票的流动性和变现力。

第三，便于筹措新资金。

股票上市必须经过有关机构的审查批准并接受相应的管理，执行各种信息披露和股票上市的规定，这就大大增强了社会公众对公司的信赖，使社会公众乐于购买公司的股票。

第四，提高公司知名度，吸引顾客。

股票上市为社会公众所知，公司被认为经营优良，会给公司带来良好声誉，从而吸引更多的顾客，扩大销售。

第五，便于确定公司价值。

股票上市后，公司股价有市价可循，便于确认公司的价值，有利于促进公司财富的最大化。

### 2.股票上市的条件

公司公开发行的股票进入证券交易所挂牌买卖（即股票上市），须受严格的条件限制。根据有关规定，股份有限公司申请其股票上市，必须符合下列条件：

第一，股票经国务院证券管理部门批准已向社会公开发行，不允许公司在设立时直接申请股票上市。

第二，公司股本总额不少于人民币5 000万元。

第三，开业时间在3年以上，最近3年连续盈利。属国有企业依法改建而设立股份有限公司的，或者在《中华人民共和国公司法》实施后新组建成立，其主要发起人为国有大、中型企业的股份有限公司，可连续计算。

第四，持有股票面值人民币 1 000 元以上的股东不少于 1 000 人，向社会公开发行的股份达到股份总额的 25％以上。

第五，公司在最近 3 年内无重大违法行为，财务会计报告无虚假记录。

此外，股票上市公司必须公告其上市报告，并将其申请文件存放在指定的地点供公众查阅。股票上市公司还必须定期公布财务状况和经营情况，在每会计年度内，每半年公布一次财务会计报告。

3.股票上市的暂停与终止

股票上市公司有下列情形之一的，由国务院证券管理部门决定暂停其股票上市：

第一，公司股本总额、股权分布等发生变化并不再具备上市条件（在规定限期内未能消除的，终止其股票上市）。

第二，公司不按规定公开其财务状况，或者对财务报告作虚假记录（后果严重的，终止其股票上市）。

第三，公司有重大违法行为（后果严重的，终止其股票上市）。

第四，公司最近 3 年连续亏损（在规定限期内未能消除的，终止其股票上市）。

另外，公司决定解散，被行政主管部门依法责令关闭或者宣告破产的，由国务院证券管理部门决定终止其股票上市。

# 三、资本金制度

## （一）建立资本金制度的意义

资本金制度是国家围绕资本金的筹集、管理，以及所有者的责任、权利等方面所做的法律规范。

长期以来，人们一直把资本视为资本主义特有的范畴，但实际上资本是商品经济高度发达的产物，是企业从事生产经营活动的基本条件。它始终寓于社会再生产的运动之中，并不断实现资本增值。随着我国经济体制改革的深化，外商投资企业、私人企业、股份制经济等发展迅速，这也从客观上要求明确产权关系，加强对资本金的管理。

1. 有利于保障所有者权益

我国现行的资金管理体制是借鉴苏联的做法建立和发展起来的,主要适用于国有企业。由于企业资金来源单一,制定的各类财务制度没有考虑资本保全问题。建立资本金制度后,不仅可以明确产权关系,而且可以使所有者权益从制度上得到保证,有利于吸引更多的资金用于经济建设。

2. 有利于企业准确计算盈亏,真实反映企业经营状况

过去,企业固定资产盘盈、盘亏、毁损、报废及国家统一调价引起企业库存物资的价差,要相应调整资金,从而使企业盈亏不实。若调增了资金,企业的盈利少计一部分;相反,若调减了资金,企业盈利则虚增一部分。这些都不能如实反映企业生产经营的最终成果。实行资本金制度后,将不再调整资金,既保护了投资者权益,也为企业正确计算盈亏创造了条件,从而真实地反映企业的经营状况。

3. 有利于企业实现自负盈亏

企业的建立和发展必须有资金,资金的来源很多,可以是借入,也可以是投资者投入,但都需要有资本金。在市场经济社会中,企业能否借入资金、借入多少资金,要取决于企业的资本金规模和资信状况,以及企业的偿债能力。因此,资本金是企业实现自主经营和自负盈亏的前提条件,建立资本金制度将有利于健全企业自主经营、自负盈亏、自我发展、自我约束的经营机制。

## (二) 资本金制度的内容

### 1. 资本金及其构成

(1) 资本金的含义

资本金是指企业在工商行政管理部门登记的注册资金。从性质上看,资本金是投资人投入的资本,是主权资本,不同于债务资金;从目的上看,资本金以追求盈利为目的,不同于非营利性的事业行政单位的资金。

资本金的确定主要有三种方法:

第一,实收资本制。

在公司成立时,必须确定资本金总额,并一次性缴足所确定资本,实收资本与注册资本一致,否则,公司不得成立。

第二,授权资本制。

在公司成立时，虽然要确定资本金总额，但是否一次性缴足所确定的资本，与公司成立无关。只要缴纳了第一期出资，公司即可以成立，没有缴纳的部分委托董事会在公司成立后进行筹集。

第三，折中资本制。

要求公司在成立时确定资本金总额，并规定每期出资数额，但对第一期出资额或出资比例，一般要做出限制。

（2）资本金的构成

资本金按照投资主体分为国家资本金、法人资本金、个人资本金和外商资本金等。

第一，国家资本金。

国家资本金是指有权代表国家投资的政府部门或者机构以国有资产的方式投入企业形成的资本金。

第二，法人资本金。

法人资本金是指其他法人单位（包括企业法人和社团法人）以其依法可支配的资产投入企业形成的资本金。

第三，个人资本金。

个人资本金是指社会个人或者本企业内部职工以个人合法财产投入企业形成的资本金。

第四，外商资本金。

外商资本金是指外国投资者及我国香港、澳门和台湾地区投资者投入企业形成的资本金。

## 2.法定资本金

所谓法定资本金，是指国家法规规定开办企业必须筹集的最低资本金数额。法律对最低资本规模的限制，主要有以下原因：

第一，保证企业设立后有正常的经营资金。资本金是企业筹建之初投入的铺底资金，也是企业生产经营活动必需的资金。

第二，保证企业有足够的资本并据以对外负债。资本金的大小是企业对外负债能力大小的重要标志，也是显示企业财务实力的标志。

第三，从客观上看，法定资本限额是规范社会经济秩序的需要。

**3.资本金的筹集方法**

（1）货币投资

在注册资本中，投资各方需要投资的货币资金数额，通常取决于投入的实物、专利权、商标权，除此之外，还需要一定的资金才能满足建厂和生产经营费用开支。按我国有关法规规定，货币出资不得少于资金的50%。

若为外商投资，外商出资的外币应按缴款当日国家外汇管理局公布的外汇牌价，折算成人民币或套算成约定的外币。假定某合资企业合同规定，注册资本以美元表示，而记账本位货币采用人民币，在合资外方用港币作为投资缴款并对此记账时，就应先将港币按缴款当日牌价折算成美元，然后用同日牌价将美元折合成人民币，凭以记账。

（2）实物投资

实物投资包括固定资产投资和流动资产投资。

固定资产投资是指投资单位以厂房、建筑物、机器设备、仓库运输设备等固定资产作为投资。这种投资的价值一般以投出单位的账面价值作为固定资产的原值，以联营双方按质论价确定的价值作为固定资产的净值，即投资的实际数额。

流动资产投资是指投资单位以流动资产作为对企业的投资，一般是以提供原材料及主要材料、辅助材料或提供劳务等形式作为对企业的投资。这种流动资产投资额的确定与企业流动资产计价方法相同。

（3）专利权、商标权和非专利技术投资

专利权是依法批准的发明人或其权利受让人对其发明成果在一定年限内享有的独立权、专用权和转让权，任何单位、个人如果需要实施该项专利，必须事先征得专利权人许可，订立实施许可合同，并支付专利使用费。

商标权是商标经注册后取得的专用权，受法律保护。商标的价值在于它能够使拥有者具有较大的获利能力。按商标法规定，商标可以转让，但受让人应当保证商标的产品质量。商标也是企业出资方式之一。

非专利技术，即专有技术，或技术秘密、技术诀窍，指先进的、未公开的、未申请专利的、可以带来经济效益的技术及诀窍，主要包括：工业专有技术，指生产上已经采用，仅限于少数人知道，不享有专利权或发明权的生产、装配、修理、工艺或加工方法的技术知识；商业（贸易）专有技术，指具有保密性质的市场情报、管理方法、培训职工方法等保密知识。其中应当指出，作为投资的专有技术与应由企业支付的技术转让费是不同的，其他单位可以把专有技术转让给企业使用，向企业分期收取一定的费用，企业支付的这项费用，被称为技术转让费。

作为投资者出资的商标权、专利权、非专利技术，必须符合下列条件之一：

第一，能生产市场急需的新产品或出口适销的产品。

第二，能显著改进现有产品的性能、质量，提高生产效率的。

第三，能显著节约原材料、燃料和动力的。

我国现行的法律法规虽允许企业使用无形资产进行投资，但无形资产投资总额不宜过高，否则就会影响货币投资和实物投资，不利于企业的生产经营和发展。必须指出，投资各方按合同规定向企业认缴的出资，必须是投资者自己所有的货币资产、自己所有并未设立任何担保物权的实物、商标权、专利权、非专利技术等。

（4）土地使用权投资

企业所需场地，应由企业向所在地的市（县）级土地主管部门提出申请，经审查批准后，通过签订合同取得场地使用权。合同应说明场地面积、地点、用途、合同期限、场地使用权的费用（以下简称场地使用费）、双方的权利与义务、违反合同的罚款等。

场地使用费标准应根据场地的用途、地理环境条件、征地拆迁安置费用和合资企业对基础设施的要求等因素，由所在地的省、自治区、直辖市人民政府规定。企业所需土地的使用权，如为某企业所拥有，则该企业可将其作为对新企业的出资，其作价金额应与取得同类土地使用权所缴纳的使用费相同。

土地使用权投资与场地使用费不同。土地使用权投资是对企业的一项投资，是企业的无形资产，其价值分期摊销转作费用。土地使用权投资的价值，一般可按土地面积、使用年限和政府规定的土地使用费标准综合计算，其具体作价应由投资各方协商确定。场地使用费是企业向政府申请使用场地，按场地面积和政府规定的使用费标准，按期向政府交纳的场地使用费用，是企业的一项费用支出。

4.验资

投资各方按合同规定缴付出资额后，应由中国注册会计师验证。验资工作应坚持合理合法、平等互利、公正无私和实事求是等原则，维护国家法律和国家主权，维护合营各方的正当权益。

验资工作应以我国有关的法律、财务会计制度、企业协议、合同章程，以及企业董事会的决议、会议纪要等文件为依据，具体根据企业的会计凭证、账簿和报表等资料，对投资各方的各项投资进行检查核实。

企业的验资工作必须在出资后60天内完成。验资工作一般采用以下方法：

第一，核对法。

对有关实物及账目的记录和数据进行核对、复核，查明是否正确无误。对实物投资进行重点抽查时，常用核对法。

第二，审阅法。

仔细地审查和阅读各种有关凭证和账目，查明投资核算是否正确合理。

第三，查询法。

通过查阅或询问的方法取得必要资料，证明一些问题。

第四，分析法。

在掌握资料和了解情况的基础上，对问题进行分析、研究，得出正确的结论。

第五，盘点法。

对各种实物进行盘点，并与投资实物清单核对，查明有无遗漏或多列等情况。

下面将对货币、实物、无形资产、土地使用权等投资的验证作简要说明：

（1）对货币投资的验证

验证货币投资时，首先应验证企业是否凭营业执照在银行开立存款账户；其次要验证投资者以什么名义，存入哪家银行，存入何种货币，存入多少，日期是哪一天，存款凭证的号码是多少，等等。经过核对取得有关凭证，即可通过。

（2）对实物投资的验证

进行实物验资应有三个前提：

第一，实物已运到企业指定的场地。

第二，企业已办好验收手续。

第三，如有索赔情况，索赔手续和索赔款均已落实。

具备这三个前提，才可进行验资。

（3）对无形资产投资的验证

验证无形资产投资时，应验证无形资产的有效状况及其技术特征、实用价值、作价的计算依据、投资各方签订的无形资产的作价协议等。

（4）对土地使用权投资的验证

验证土地使用权投资时，一般在合同中说明使用面积和计算单位，根据批准的合同进行验证。在验证时，如实际丈量的面积超过合同规定面积，有土地使用证的，以土地使用证为准；无土地使用证的，由投资各方协商确定，验证依据以协商后的面积为准。

5.抽查资本金的期限

资本金可以一次筹集，也可以分期筹集。企业筹集资本金是一次筹集，还是分期筹集，应根据国家有关法律法规，以及合同、章程的规定来确定。

## 四、长期、短期借款筹资

### （一）长期借款的种类

1.按照用途分类

按照用途可分为基本建设借款、技术改造借款、科技开发项目借款和其他项目借款。

（1）基本建设借款

基本建设借款是指由商业银行发放的，用于基础设施项目建设的中长期借款。基础项目主要包括经国家有权部门批准的基础设施建设、市政工程、服务设施建设等。

（2）技术改造借款

技术改造借款是指商业银行发放的，用于扩大现有客户生产规模，或通过改造与引进技术，提高客户现有工艺水平、生产技术水平。技术改造借款一般是中长期借款。

（3）科技开发项目借款

科技开发项目借款是指商业银行发放的，主要用于支持企业进行新技术、新产品的研制开发，促使技术创新和科技成果向生产领域转化或应用的项目借款。科技开发项目借款一般是中期借款。

（4）其他项目借款

其他项目借款是指商业银行发放的，主要用于企业购置其他固定资产的借款。其他项目借款一般是中长期借款。

2.按有无担保分类

按有无担保可分为信用借款和抵押借款。

（1）信用借款

信用借款是指不需借款企业提供抵押品，而仅凭借款企业的信用或其担保人信用而发放的贷款。通常适用于信誉良好的企业，贷款利率通常很高，并且要附加一定的条件。

### (2) 抵押借款

抵押借款是指以特定抵押品作为担保的借款，其抵押品通常是房屋、建筑物、机器设备、股票债券等。贷款到期，企业不能或不愿偿还债务时，银行有权处置这些抵押品。

## （二）长期借款的程序

### 1. 企业提出申请

企业申请借款必须符合贷款原则和条件，并提供以下资料：

第一，书面借款申请。

第二，项目可行性研究报告或项目建议书。

第三，能够证明企业生产经营、管理情况的基础性资料。

第四，经有权部门审计的财务报告及生产经营情况资料。

第五，其他资料。

### 2. 金融机构进行审批

银行接到企业的申请后，要对企业的申请进行审查，以决定是否对企业提供贷款。这一般包括以下几个方面：

第一，对借款人的信用等级进行评估。

第二，贷款人受理借款人的申请后，应当对借款人的信用及借款的合法性、安全性和营利性等情况进行调查，核实抵押物、保证人情况，测定贷款的风险。

第三，贷款审批。

### 3. 签订借款合同

借款合同，是规定借贷各方权利和义务的契约，其内容包括基本条款和限制条款。基本条款是借款合同必须具备的条款；限制条款是为了降低贷款机构的贷款风险而对借款企业提出的限制性要求，有一般性限制条款、例行性限制条款和特殊性限制条款之分。

### 4. 企业取得借款

双方签订借款合同后，贷款银行按合同的规定按期发放贷款，企业便可取得相应的资金。贷款人不按合同约定按期发放贷款的，应偿付违约金。借款人不按合同的约定用款的，也应偿付违约金。

### 5.企业偿还贷款

企业应按借款合同的规定按时足额归还本息。如果企业不能按期归还借款，应在借款到期之前，向银行申请贷款展期，但是否展期，由贷款银行根据具体情况决定。

## （三）长期借款筹资的优缺点

### 1.优点

**（1）筹资速度快**

通过发行各种证券筹集长期资金所需的时间一般较长。证券发行的准备工作，以及证券的发行都需要一定时间，而向银行借款与发行证券相比，一般所需时间较短，可以迅速地获取资金。

**（2）借款弹性较大**

企业与银行可以直接接触，通过直接商谈来确定借款的时间、数量和利息。在借款期间，如果企业情况发生了变化，也可与银行进行协商，修改借款的数量和条件。

**（3）借款成本较低**

就目前我国的情况来看，利用银行借款所支付的利息比发行债券所支付的利息低。另外，也无须支付大量的发行费用。

**（4）可以发挥财务杠杆的作用**

不论企业赚多少钱，银行只按借款合同收取利息。在投资报酬率大于借款利率的情况下，企业所有者将会因财务杠杆的作用而得到更多的收益。

### 2.缺点

**（1）筹资风险较高**

企业举债长期借款，必须定期还本付息，在经营不力的情况下，可能会产生不能偿付的风险，甚至会导致破产。

**（2）限制性条款比较多**

企业与银行签订的借款合同中，一般都有一些限制条款，如定期报送有关报表、不改变借款用途等，这些条款可能会限制企业的经营活动。

**（3）筹资数量有限**

银行一般不愿借出巨额的长期借款，因此，利用银行借款筹资都有一定的上限。

## （四）短期借款

短期借款是指企业向银行和其他非银行金融机构借入的期限在一年以内的借款。主要用于企业正常生产经营周转和临时性资金需要。

### 1.短期借款的种类

从短期借款的用途来看，短期借款主要有生产周转借款、临时借款、结算借款等。另外，按照国际通行做法，短期借款还可依偿还方式的不同，分为一次性偿还借款和分期偿还借款；依利息支付方法的不同，分为收款法借款、贴现法借款和加息法借款；依有无担保，分为抵押借款和信用借款。

### 2.短期借款的信用条件

按照国际惯例，银行发放短期贷款时，主要信用条件包括以下内容：

（1）信贷额度

信贷额度，即贷款限额，是借款人与银行在协议中规定的允许借款人借款的最高限额，银行不会承担法律责任。

（2）周转信贷协定

周转信贷协定是银行从法律上承诺向企业提供不超过某一最高限额的贷款协定。在协定的有效期内，只要企业借款总额未超过最高限额，银行必须满足企业任何时候提出的借款要求。企业享用周转信贷协定，通常要就贷款限额的未使用部分付给银行一笔承诺费。

（3）补偿性余额

补偿性余额是银行要求借款人在银行中保持按贷款限额或名义借款额的一定百分比计算的最低存款余额。对于借款人来讲，补偿性余额提高了借款的实际利率。

（4）借款抵押

银行向财务风险较大、信誉不好的企业发放贷款，往往需要企业有抵押品担保，以减小银行蒙受损失的风险。借款的抵押品通常是借款企业的办公楼、厂房等。

（5）偿还条件

无论何种借款，银行一般都会规定还款的期限。根据我国金融制度的规定，贷款到期后仍无能力偿还的，视为逾期贷款，银行要照章加收逾期罚息。

（6）以实际交易为贷款条件

当企业发生经营性临时资金需求，向银行申请贷款以求解决时，银行则以企业将要进行的实际交易为贷款基础，单独立项，单独审批，最后作出决定并确定贷款的相应条件和信用保证。

（五）短期借款筹资的优缺点

1.优点

（1）筹资速度快

企业获得短期借款所需时间要比长期借款短得多，因为银行发放长期贷款前，通常要对企业进行比较全面的调查分析，花费时间较长。

（2）筹资弹性大

短期借款数额及借款时间弹性较大，企业可在需要资金时借入，在资金充裕时还款，便于企业灵活安排。

2.缺点

（1）筹资风险大

短期资金的偿还期短，在筹资数额较大的情况下，如企业资金调动不周，就有可能出现无力按期偿付本金和利息，甚至被迫破产。

（2）资本成本较高

与其他短期借款筹资的方式相比，资本成本较高，尤其是在存在补偿性余额和附加利率情况下，实际利率通常高于名义利率。

## 第二节 流动资产投资管理

### 一、现金管理

现金是流动性最强的资产，包括库存现金、银行存款、银行本票和银行汇票等。拥有足够的现金对降低企业财务风险，增强企业资金的流动性具有十分重要的意义。

## （一）现金管理的目的和内容

为了说明现金管理的目的和内容，必须了解企业持有现金的动机。

### 1.企业持有现金的动机

企业持有现金的动机主要包括以下三个方面的内容：

（1）支付的动机

支付的动机是指企业需要现金支付日常业务的开支，包括材料采购、支付工资、缴纳税款等。尽管企业平时也会从业务收入中取得现金，但很难做到收入和支出在数量和时间上的协调。

（2）预防的动机

预防的动机是指企业持有现金以备意外事项之需。企业日常经营活动受价格高低、应收账款不能按期收回等多种因素的影响，现金流量难以准确测算。因此，企业会持有一定数量的现金以防不测。一般来说，经营风险越大或销售收入变动幅度越大的企业，现金流量难以把握的程度越大，其预防性现金持有量应越多。

（3）投机的动机

投机的动机是指企业持有现金，以便当证券价格剧烈波动时，从事投机活动，从中获得收益。当预期利率将要上升，有价证券的价格将要下跌时，投机的动机就会鼓励企业暂时持有现金，直到利率停止上升为止。当预期利率将要下降，有价证券的价格将要上升时，企业可能会将现金投资于有价证券，以便从有价证券价格的上升中得到收益。

### 2.现金管理的目的

现金管理的目的，是在保证企业生产经营所需现金的同时，节约使用资金，并从暂时闲置的现金中获得最多的利息收入。企业的库存现金没有收益，银行存款的利息率也远远低于企业的资金利润率。现金结余过多，会降低企业的收益；但现金太少，又可能会出现现金短缺，影响生产经营活动。

### 3.现金管理的内容

现金管理的内容包括以下三个方面：

第一，编制现金收支预算，以便合理地估计未来的现金需求。

第二，用特定的方法确定理想的现金余额，当企业实际的现金余额与理想的现金余额不一致时，采用短期融资策略或采用归还借款和投资于有价证券等策略来达到理想状况。

第三，对日常的现金收支进行管理，力求加速现金周转速度，提高现金的使用效率。

## （二）现金最佳持有量的确定

现金是一种流动性很强的资产，现金过多，会使企业盈利水平下降；而现金太少，又有可能出现现金短缺，影响生产经营。在现金余额问题上，财务管理存在风险与报酬的权衡问题。财务管理中确定最佳现金余额的方法有很多，现结合我国实际情况，介绍几种最常用的方法：

### 1.成本分析模式

成本分析模式是通过分析持有现金的成本，寻找使现有成本最低的现金持有量。企业持有的现金，将会有三种成本：

（1）资本成本（机会成本）

现金作为企业的一项资金占用，是有代价的，这种代价就是它的资本成本。假定某企业的资本成本率为10%，年均持有50万元的现金，则该企业每年现金的资本成本为5万元。现金持有额越大，资本成本越高。企业为了经营业务，需要拥有一定的资金，付出相应的资本成本代价是必要的，但现金存量过多，资本成本代价大幅度上升，就不合算。

（2）管理成本

现金管理成本是指对企业置存的现金资产进行管理而支付的代价。它包括支付给具体现金管理人员的工资费用和各种安全措施费等，如建立完整的企业现金管理内部控制制度、制定各种现金收支规定和现金预算执行的具体办法等。

（3）短缺成本

短缺成本是指企业由于缺乏必要的现金，而不能应付必要的业务开支，从而使企业承受的损失。现金的短缺成本一般有如下三种：

第一，丧失购买能力的成本。这主要是指企业由于缺乏现金而不能及时购买原材料等生产所必需的物资，从而使企业的正常生产不能得以维持。这种成本虽然不能明确测定，但一旦发生，则会给企业造成很大的损失。

第二，信用损失和失去得到折扣好处成本。信用损失是指企业由于现金短缺而不能按时付款，因而失信于供货单位，造成企业信誉和形象的下降，损失是长久和潜在的。失去得到折扣好处成本是指如果企业缺乏现金，不能在供货方提供的现金折扣期内付款，企业会丧失享受现金折扣优惠的好处，而要承受相应提高购货成本的代价。

第三，丧失偿债能力的成本。这是指企业由于现金严重短缺而根本无力在近期内偿还各种负债而给企业带来重大损失的成本。由于现金短缺而造成企业财务危机，甚至导致破产清算的先例不胜枚举，在所有现金短缺成本中，此项成本可能对企业造成致命的影响。

2. 存货模式

存货模式的基本原理是将企业现金持有量和有价证券联系起来衡量，即将现金的持有成本同转换有价证券的成本进行权衡，以求得二者相加总成本最低时的现金余额，从而得出最佳现金持有量。

存货模式是建立在一个假定条件之上的，即企业在一定时期内现金的流出与流入量均可预测。企业在期初持有一定量的现金，若每天平均流出量大于流入量，到一定时间后现金的余额降至零时，企业就需出售有价证券进行补充，使下一周期的期初现金余额恢复到最高点，而后这笔资金再供生产逐渐支用，待其余额降至零后又进行补充，如此周而复始。

如前所述，当企业持有的现金趋于零时，就需要企业将有价证券转换为现金，用于日常开支。但转换有价证券需要支付诸如经纪费用等固定成本。一定时期内变换有价证券的次数越多，其固定成本就越高。当然，企业置存现金也要付出一定代价，因为保留现金意味着放弃投资于有价证券而产生的利息收益机会。一般来说，在有价证券收益率不变的条件下，保持现金的余额越多，形成的机会成本越大。

存货模式确定最佳现金持有量是建立在未来期间现金流量稳定、均衡且呈周期性变化的基础上的。而在实际工作中，企业要准确预测现金流量，往往是不易做到的。通常可以这样处理：在预测值与实际发生值相差不太大时，可在确定的最佳现金持有量的基础上，稍微再提高一些实际持有量。

3. 随机模式

随机模式是企业在未来的现金流量呈不规则地波动、无法准确预测的情况下采用的一种控制模式。这种方法的基本原则是制定一个现金控制区域，定出上限和下限。上限代表现金持有量的最高点，下限代表现金持有量的最低点。当现金余额达到上限时，则将现金转换成有价证券；当现金余额下降到下限时，则将有价证券转换成现金，从而使现金余额经常性处在两个极限之间。

### (三) 现金收支管理

在现金管理中，企业除合理编制现金收支预算和确定最佳现金余额外，还必须进行现金收支的日常控制。

**1.加速收款**

（1）集中银行

集中银行是指通过设立多个策略性的收款中心来代替在公司总部设立的单一收款中心，以加速账款回收的一种方法。其目的是缩短从顾客寄出账款到现金收入企业账户这一过程的时间。

集中银行的具体做法是：

第一，企业销售商品时，由各地分设的收款中心开出账单。

第二，当地客户收到销售企业的账单后，直接汇款或邮寄支票给当地的收款中心。

第三，当地的收款中心收款后，立即存入当地银行或委托当地银行办理支票兑现。

第四，当地银行在进行票据交换处理后立即转给企业总部所在地银行。

应用集中银行的优点表现在以下两个方面：

第一，缩短了账单和支票的往返邮寄时间。这是因为账单由客户所在地的收款中心开出，并寄给当地客户，所需的时间明显小于直接从企业所在地邮寄账单给客户的时间；同时，客户付款的支票邮寄到离它最近的收款中心的时间也比直接邮寄到企业所在地的时间短。

第二，缩短了支票兑现所需的时间。这是因为各地收款中心收到客户的支票并交给当地银行，企业就可向该地银行支取使用。

采用集中银行也有不足之处，每个收款中心的地方银行账户应保持一定的存款余额，开设的中心越多，"冻结资金"的机会成本也就越大。另外，设立收款中心需要一定的人力和物力，花费较多。这些都是财务主管在决定采用集中银行时必须考虑到的。

（2）锁箱系统

锁箱系统是通过承租多个邮政信箱，以缩短从收到顾客付款到存入当地银行的时间的一种现金管理办法。

锁箱系统的具体做法是：

第一，企业对客户开出发票、账单，通知客户将款项寄到当地专用的邮政信箱。

第二，委托企业在当地的开户银行每日开启信箱，以便及时取出客户支票，立即予以登记、办理票据交换手续并存入该企业账户。

第三，当地银行依约定期向企业划款并提供收款记录。

采用锁箱系统的优点是缩短时间。与集中银行的做法相比，采用锁箱系统更能缩短企业办理收款、存储手续的时间，即公司从收到支票到这些支票完全存入银行之间的时间差距消除了。

采用锁箱系统的不足之处是需要支付额外的费用。银行提供多项服务要求有相应的报酬，这种费用支出一般来说与存入支票张数成一定比例。所以，如果平均汇款数额较小，采用锁箱系统并不一定有利。

2.控制现金支出

（1）使用现金浮游量

所谓浮游量，是指企业从银行存款账户上开出的支票总额超过其银行存款账户的余额。出现现金浮游的主要原因是：从企业开出发票、收款人收到支票并将其送交银行，甚至银行办理完款项的划转，通常需要一定的时间。在这段时间里，企业虽已开出支票，但仍可动用银行存款账上的这笔资金，以达到充分利用现金之目的。企业使用现金浮游量应谨慎行事，要预先估计好这一差额并控制使用的时间，否则会发生银行存款的透支。

（2）延缓应付款的支付

企业在不影响自己信誉的前提下，应尽可能地推迟应付款的支付期，充分运用供应商所提供的信用优惠。例如，企业在采购材料时，其付款条件为开票后10天内偿付，可享受现金折扣2%，30天内则按发票金额付款。那么，企业应安排在开票后第10天付款，这样既可最大限度地利用现金，又可享受现金折扣。如果企业确实急需资金，或短期调度资金需要花费较大代价，也可放弃折扣优惠，当然，应在信用期的最后一天支付款项。

此外，企业还可以利用汇票这一结算方式来延续现金支出的时间。因为汇票和支票不同，不能见票即付，还需由银行经购货单位承兑后方能付现，故企业的银行存款实际支付的时间迟于开出汇票的时间。

## 二、应收账款管理

应收账款是企业因对外销售产品、材料、提供服务等，应向购货单位或接受服务单位收取的款项。应收账款是由于企业采取赊销和分期付款方式引起的，其产生的原因有二：一是适应市场竞争的需要，二是销售和收款实际时间上存在差异。

### （一）应收账款的成本

企业应收账款的商业信用与持有现金一样是有代价的，表现为机会成本、管理成本、坏账损失成本、短缺成本。

#### 1.机会成本

企业为了扩大销售而采取信用政策，这意味着若有一部分销货款不能及时收回，要相应地为客户垫付一笔相当数量的资金，同时，由于这笔资金丧失了投资获利的机会，便产生了应收账款的机会成本。

#### 2.管理成本

为管理应收账款所花费的一切费用开支。主要包括客户的信誉情况调查费用、账户的记录和保管费用、应收账款费用、收集与整理各种信用的费用等。

#### 3.坏账损失成本

由于各种问题，应收账款总有一部分不能收回，这就是坏账损失成本。它一般与应收账款的数量成正比例关系。

#### 4.短缺成本

企业因不能向某些信誉好的客户提供信用，而使得这些客户转向其他企业，从而造成本企业销售收入下降，这种潜在的销售收入损失被称为短缺成本。

### （二）信用政策

提高应收账款投资效益的重要前提是制定合理的信用政策。信用政策是应收账款的管理政策，即企业为对应收账款投资进行规划与控制而确立的基本原则与行为规范。包括信用标准、信用条件和收账策略三个方面：

#### 1.信用标准

信用标准是指企业同意顾客要求而在销售业务中给予客户一定的付款宽限期。这种商业信用的最低标准，通常用预期的坏账损失率表示。这项标准主要是根据本企业的实际经营情况、市场当时竞争的激烈程度和客户的信誉等情况来综合制定的。

（1）信用标准的定性评估

对于信用标准的评估一般可从质与量两个方面来进行。信用标准质的衡量往往比量的衡量更为重要，因为一个客户的信用品质是其以往从商信誉的集中体现，它能综合地反映某一顾客承付货款的履约程度，衡量客户的信用品质对制定合适的信用标准是至关重要的。

客户资信程度的高低通常取决于五个方面，即品德（Character）、能力（Capacity）、资本（Capital）、担保（Collateral）和条件（Condition），简称"5C"系统。

第一，品德。

品德是指客户履约或赖账的可能性。由于信用交易归根结底是对付款的承诺与履行，因而品德也可指客户承诺责任、履行偿债的一种诚意。

第二，能力。

能力是指客户付款能力的高低。一般根据客户流动资产的数量、质量及其与流动负债的结构关系来进行判断。

第三，资本。

资本（特别是有形资产净值与留存收益）反映了客户的经济实力与财务状况，是客户偿付债务的最终保障。

第四，担保。

担保是指客户所能提供的作为债务安全保障的资产。

第五，条件。

条件是指可能影响客户目前付款能力的经济环境。

上述五种信用状况，可通过查阅客户的财务报告资料，或通过银行提供的客户信用资料取得；也可与有同一客户信用关系的其他企业相互交换该客户的信用资料（如付款记录、信用金额、往来时间等），或从企业自身的经验与其他途径取得；还可通过商业代理机构或征信调查机构提取的信息资料及信用等级标准而取得有关资料。

（2）信用标准的定量评估

信用标准的定量评估，可以通过设定信用标准来进行。设定信用标准是根据客户的具体信用资料，以若干个具有代表性、能说明企业偿付能力和财务状况的指标作为信用标准来确定的。设定信用标准也可作为给予或拒绝客户信用的依据。

2.信用条件

信用标准是企业评价客户信用等级，决定给予或拒绝客户信用的依据。信用条件是指企业要求客户支付赊销款的条件，主要包括信用期限、折扣期限和现金折扣等。例如，若规定客户在发票开出后的 10 日内付款，可以享受 2%的现金折扣；如果放弃折扣优惠，则全部款项必须在 30 日内付清。在此，30 日为信用期限，10 日为折扣期限，2%为现金折扣（率）。

（1）信用期限

信用期限是企业向客户提供赊账的最长期限。一般而言，信用期限过长，对扩大销售具有刺激作用，但会为企业带来坏账损失，使被占用资金的机会成本和收账费用增大。因此，企业必须慎重研究，规定出恰当的信用期。

（2）折扣期限与现金折扣

在企业延长信用期限后，便会使应收账款多占用资金。为了加速资金的回收与周转，减少坏账损失，企业往往可采用向客户提供现金折扣的办法，来吸引客户为享受优惠而提前付款，缩短企业的平均收款期。另外，现金折扣也能招揽一些视折扣为减价出售的客户前来购货，借此扩大销售量。现金折扣（率）的大小往往与折扣期限联系在一起。现金折扣（率）越大，则折扣期限（付款期限）就越短，反之亦然。

### 3.收账政策

企业对不同过期账款的收款方式，包括准备为此付出的代价，就是它的收账政策。如对短期拖欠款户，可采用书信形式婉转地催讨账款；对较长期的拖欠户，可采用频繁的信件手段和电话催询，必要时可运用法律手段加以解决。

企业在制定应收账款政策时，应明确以下几个问题：

第一，收账成本与坏账损失的关系。

企业花费的收账成本越高，应收账款被拒付的可能性就越小，企业可能遭受的坏账损失也就越小。但是，收账成本与坏账损失之间并不存在线性关系。当企业刚开始发生一些收账成本时，应收账款的坏账损失有小部分降低；随着收账成本的继续增加，应收账款被拒付的可能性明显减少；当收账成本的增加一旦越过某个限度，则追加的收账成本对进一步减少坏账损失的作用便呈减弱的趋势，因为总会有一些客户由于种种而拒付货款。

第二，收账成本与期望收回的应收账款之间的关系。

只有当预期收回应收账款的收益大于企业所支付的收账成本时，企业才有必要付出代价收取应收账款。

## （三）应收账款的日常管理

企业对于已经发生的应收账款，还应进一步强化日常管理工作，采取有力的措施进行分析、控制，及时发现问题，提前采取相应对策。这些措施主要包括：对应收账款进行追踪分析、账龄分析、收现率分析和应收账款坏账准备制度。

# 三、存货管理

存货是企业在生产经营中为销售或者生产耗用而储存的各种资产，包括商品、产成品、半成品、在产品及各类材料、燃料、包装物、低值易耗品等。作为联系商品的生产与销售的重要环节，存货控制或管理效率的高低，直接反映并决定着企业收益、风险、资产流动性的综合水平。所以，存货管理对保证企业生产正常进行，满足市场销售的需要，保持均衡生产，降低生产成本，预防意外事故的发生起着非常重要的作用。

## （一）存货管理目标

企业出于保证生产或销售的经营需要和价格的考虑，必须储备一定量的存货。企业各个部门人员对存货有着不同的观点：

采购人员不仅希望能大批量采购存货，以便取得价格优惠并节约运费，还希望尽可能提早采购，以减少紧急订货造成额外支出，避免中断供应而受到各方面的指责。

生产人员希望能大批量、均衡且稳定地进行生产。经常改换品种，势必加大成本，降低生产效率。每个品种的大批量生产，将使平均存货水平上升。

销售人员希望本企业有大量存货，这样不仅可以提高市场上的竞争能力，而且现货交易有利于扩大销售额。同时，销售人员还希望存货的品种齐全，或者生产部门能按客户要求及时改换品种。

针对上述观点可知，企业存货既要保证生产、保证销售等功能的充分发挥，使生产经营活动得以顺利进行，又要有利于降低存货成本、减少企业流动资产占用、提高资金的使用效果。因此，企业存货管理的目标就是在存货的成本与收益之间进行利弊权衡，实现二者的最佳组合。

## （二）存货成本

存货成本是企业为了存货而发生的各种支出，包括以下三种：

### 1.进货成本

进货成本主要由存货的进价成本、进货费用及采购税金三方面构成。这里设物价与税率不变且无采购数量折扣，这样采购税金总计数就保持相对稳定，属决策无关成本。

（1）进价成本

进价成本是指存货本身的价值，常用数量与单价的乘积来确定。

（2）进货费用

企业为组织进货而发生的各种费用：与进货次数有关的费用，如差旅费、邮资和电报、电话费等，被称为进货变动费用；与订货次数无关的费用，如常设采购机构的基本开支，被称为进货的固定费用。

（3）采购税金

采购税金是指企业在采购时所缴纳的产品税税金，如增值税的进项税额、进口原材料的关税等。

### 2.储存成本

储存成本是企业为存货而发生的各种支出。储存成本包括：与存货数量多少无关的储存成本，如仓库折旧额、仓库职工的固定工资等，被称为储存固定成本；与存货数量多少有关的储存成本，如存货资金的应计利息、存货的破损与变质损失、保险费用等，被称为储存变动成本。

### 3.缺货成本

缺货成本是指因存货不足而给企业造成的停产损失、延误发货的信誉损失及丧失销售机会的损失等。

## 第三节 销售收入与利润管理

# 一、销售收入管理

（一）销售收入管理概述

1. 销售收入的概念及组成

在商品经济条件下，企业生产产品不是为了自己消费，而是为了对外出售。企业在一定时期因销售产品或对外提供劳务所获取的收入就是销售收入。

销售收入包括产品销售收入和其他业务收入。

（1）产品销售收入

产品销售收入是企业生产经营活动的主要收入，在整个企业销售收入中占有最大比重，是销售收入管理的重点。工业企业的产品销售收入包括销售产成品、自制半成品和工业性劳务等。

产品销售收入的实现不受销售对象的限制，企业的产品销售收入除包括对企业以外的其他单位销售产品取得的收入外，还应包括对企业内部非生产部门等销售商品产品取得的收入。

（2）其他业务收入

其他业务收入是指企业从产品销售业务以外的其他销售或其他业务所取得的收入，包括材料销售、固定资产出租、包装物出租、外购商品销售、运输业务、无形资产转让、提供非工业性劳务等取得的收入。

2. 确认销售收入

销售收入的确认是销售收入管理的重要内容，它直接影响到纳税时间的确定和利润的计算。正确确认销售收入，对于处理好国家与企业的分配关系，保证国家的财政收入，正确评价企业的经营成果和经济效益，具有十分重要的意义。

根据制度规定，企业应于产品已经发出、劳务已经提供、收讫价款或取得收取价款的凭据时，确认销售收入。按照权责发生制原则，销售收入的实现主要有两个标志：

第一，物权的转移，即产品已经发出，劳务也已经提供。

第二，货款已经收到或取得收取货款的权利，即企业已将发票账单提交对方或已向银行办妥托收手续，从而取得了收款权利。

企业按上述要求确认的销售收入，不是销售净收入。因为在实际业务中，存在着销售退回、销售折让、销售折扣等事项。根据制度规定，企业在销售业务中发生的销售退回、销售折让和销售折扣等，应冲减当期销售收入。

销售退回是指企业已销产品，因质量或品种规格等不符合合同或有关规定的要求，由购买方全部或部分退回企业的事项；销售折让是指企业已销产品，因种种原因达不到规定要求，诸如发现外观破损等，经过协商，在价格上给购买方以折让的事项。对于销售退回和销售折让，企业应及时查明原因和责任，冲减销售收入。

销售折扣是企业为鼓励消费者或用户多购、早付款而采取的一种促销措施。销售折扣常见的方式有现金折扣、数量折扣、季节折扣等。

（1）现金折扣

现金折扣是指企业为鼓励购买者在一定期限内早日偿还货款而实行的一种减价方式。

（2）数量折扣

数量折扣是指企业为鼓励购买者多买而给大量购买者的一种减价方式，即买得越多，价格越便宜。

（3）季节折扣

季节折扣是指生产经营季节性产品的企业给购买过季产品的购买者的一种减价方式。

3.销售收入管理的意义

销售收入是企业的重要财务指标，是企业生产成果的货币表示。加强销售业务管理，及时取得销售收入，对国家和企业都具有十分重要的意义。具体内容如下：

第一，加强销售管理，及时取得销售收入，是保证企业再生产过程顺利进行的重要条件。

在社会主义市场经济条件下，企业作为自主经营、自负盈亏的经济实体，要以自己的收入补偿自己的支出。工业企业的再生产过程包括供应、生产和销售三个环节。企业只有将生产的产品在市场上销售给消费者，并及时收回货款，再生产才能顺利进行。

第二，加强销售管理，及时取得销售收入，才能满足国家建设和人民生活的需要。

在社会主义市场经济条件下，企业生产的目的是满足社会需要，并以收抵支，取得盈利。企业将产品生产出来，还未达到此目的，只有将已经生产出来的产品及时销售出去，才能证明企业生产的产品是社会所需要的，才能尽快满足国家经济建设和人民生活的需要。

第三，加强销售管理，及时取得销售收入，是企业实现纯收入，完成上缴财政任务，扩大企业积累的前提。

企业取得的销售收入，扣减生产经营过程中的耗费，剩下的就是企业的纯收入，包括税金和利润两部分。企业将税金和利润的一部分上缴财政，其余按规定顺序进行分配。

### （二）销售价格的管理

销售收入是销售数量和销售单价的乘积。在销售数量既定的前提下，销售价格是影响销售收入的决定性因素，因此，销售价格的管理是销售收入管理的重要内容。

#### 1. 产品价格的概念

产品价格是产品价值的货币表现，它包括物化劳动转移的价值和活劳动新创造的价值。产品价值的大小取决于生产该种产品的社会必要劳动。

产品价值从构成上看，可以分为三个部分：一是已消耗的生产资料转移的价值，用 $c$ 表示；二是生产者为自己劳动所创造的价值，用 $v$ 表示；三是生产者为社会劳动所创造的价值，用 $m$ 表示。产品价值 $w$ 可以用公式 $w = c + v + m$ 表述。

#### 2. 工业品价格体系及构成

在高度集中的计划管理体制下，工业品价格主要由中央或地方的物价管理部门或企业主管部门统一制定，企业很少有定价权。不少产品的价格既不能反映产品的价值，又不能反映产品的供求关系，严重影响了经济体制改革的深入和社会经济的发展。

我国现行工业品价格体系，按产品在流通过程中经过的主要环节，一般分为出厂价格、批发价格和零售价格三种。

（1）出厂价格

出厂价格是生产企业出售给商业批发企业，或其他企业所采用的价格，是其他价格形式的基础。

（2）批发价格

批发价格是批发企业对零售企业或大宗购买单位出售产品时所采用的价格，是确定零售价格的基础。

(3) 零售价格

零售价格是零售企业向消费者或用户出售产品所采用的价格,是产品在流通过程中最后一道环节的价格。

从工业品价格体系及其构成不难看出,工业品的出厂价格是整个工业品价格构成的基础,对批发价格、零售价格有决定性的影响。

### 3.出厂价格的制定

工业品出厂价格的制定,在遵守国家物价政策的前提下,应综合考虑以下几个因素:

(1) 产品价值

价格是价值的货币表现。产品价格的制定应以价值为基础,基本符合其价值。只有这样,企业在正常生产经营条件下,才能补偿生产耗费,完成上缴财政任务,满足自我积累和扩大再生产的需要。

(2) 供求关系

价格围绕价值上下波动主要受供求关系的影响。当产品供不应求时,价格会上涨,刺激生产,限制消费;当产品供过于求时,价格会下跌,刺激消费,限制生产。

(3) 其他因素

企业在制定产品价格时,除应考虑产品价值、供求关系这两个基本因素外,还应考虑各产品之间的比价、分销渠道、消费者心理,以及质量差价、季节差价、环节差价等因素,使产品价格趋于合理。

工业品出厂价格的定价方法多种多样,常见的有以下几种:

(1) 成本外加法

成本外加法是指以产品成本费用(包括制造成本和期间费用)为基础,再加上一定的销售税金和利润,以此确定产品出厂价格的方法。其计算公式如下:

$$出厂价格=单位产品成本费用+单位产品利润+单位产品销售税金$$

(2) 反向定价法

反向定价法,又被称为销价倒扣法,它是以零售价格为基础,以批零差价、进批差价为依据,反向计算产品出厂价格的一种方法。其计算公式如下:

批发价格=零售价格×(1 - 批零差率)
出厂价格=批发价格×(1 - 进批差率)

(3)心理定价法

心理定价法是指根据消费者和用户购买产品时的心理状态来确定产品价格的方法,如某些名牌产品的定价可以远远高于其他同类产品。这样既满足了消费者追求名牌的心理需要,又可以使企业增加盈利。

产品价格的制定,除上述三种方法外,还有创利额定价法、比较定价法、取消定价法等。总之,随着社会主义市场经济的进一步发展,企业定价权的扩大,企业应遵循价值规律的要求,综合考虑各方面的因素,选择恰当的定价方法,制定出合理的产品价格,以达到扩大销售、增加盈利的目的。

(三)销售收入的管理

1.产品销售预测

产品销售预测是指企业根据销售情况,结合对市场未来需求的调查,运用科学的方法,对未来时期产品的销售量和销售收入所进行的测算和推断。

产品销售预测的方法很多,大致可归纳为经验判断法和数学分析法两类。

经验判断法是指利用人们的实践经验,通过分析判断,从而对企业未来的销售发展趋势进行预测的方法。常见的有专家调查法、集合意见法、调查分析法等。这类方法简便易行,主要用于缺乏资料情况下的中长期预测。

数学分析法是根据企业销售的历史资料,通过运用一定的数学方法,对企业未来的销售发展趋势进行预测的方法。常见的有时间序列法、回归分析法、量本利分析法等。

(1)时间序列法

时间序列法是指按照时间顺序,通过对过去几期销售数据的计算分析,确定未来时期销售预测值的方法。包括简单平均法、加权平均法和移动平均法等。

第一,简单平均法。

简单平均法是指将企业过去几期的实际销售数据之和除以期数而求得预测值的方法。

第二,加权平均法。

加权平均法是指根据各期实际销售量对销售预测值的影响程度,分别给予不同的权数，然后求出加权平均数，并以此作为销售预测值的方法。

第三，移动平均法。

移动平均法是指从销售时间序列数据中选取一组数据求其平均值，逐步移动，以接近预测期的平均值为基数，考虑发展趋势，加以修正，从而确定销售预测值的方法。

（2）回归分析法

回归分析法是指根据销售变动趋势，建立回归方程，通过解回归方程求得销售预测值的方法。此法适用于销售量直线上升的企业。

（3）量本利分析法

量本利分析法是指利用销售量、成本与利润三者的内在联系，在已知产品成本的前提下，根据目标利润的要求来预测销售量的方法。

2.销售收入的日常管理

（1）按需组织生产，做好宣传工作

企业的产品，只有符合社会需要、质量上乘、品种规格齐全、价格合理、受广大消费者和用户欢迎，才能销售出去，迅速实现销售收入。因此，企业必须十分重视市场调查和预测，按社会需要组织生产，研究开发新产品，不断提高产品质量，努力降低产品成本，并做好宣传工作，向市场提供适销对路、物美价廉的产品。

（2）加强销售合同管理，认真签订和执行销售合同

经济合同是法人之间为实现一定经济目的，明确相互权利和义务而订立的协议。企业现今的产品销售，大都是通过销售合同来实现的。因此，企业财务部门应积极协助销售部门加强销售合同管理，认真签订和执行销售合同，以确保销售收入的实现。

首先，企业要根据生产情况及时与购买单位签订销售合同，明确规定销售产品的品种、数量、规格、价格、交货日期、交货地点、结算方式及违约责任。

其次，加强库存产品的保管，及时按合同要求进行选配、包装，做好发运工作。

（3）做好结算工作，及时收回货款

产品销售包含两层含义：一是向购买者发出产品；二是向购买者收取货款。有鉴于此，企业既应重视产品的发出，更应关心货款的收回。

首先，企业应从既要有利于销售产品，又要有利于及时收回货款的原则出发，正确选择结算方式。

其次，在托收承付结算方式下，企业发货后应尽快从有关部门取得发货和运输凭证，向银行办妥托收手续、监察督促购货单位按期付款。

最后，对逾期未收回的账款，应及时查明原因，分情况妥善处理。

（4）做好售后服务工作，为今后进一步扩大销售奠定基础

企业应树立对消费者和用户负责的观念，在产品售出后，做好售后服务工作。诸如为消费者和用户免费安装调试产品，提供配件、备件，建立维修网络，坚持上门服务，及时检修和排除故障，以及采取包修、包退、包换等措施。良好的售后服务，有助于解除消费者和用户的后顾之忧，树立良好的企业形象，提高产品声誉，增强竞争能力，为今后进一步扩大销售、增加盈利奠定基础。

## 二、利润管理概述

（一）利润的构成

利润是指企业在一定会计期间的经营成果，包括营业利润、利润总额和净利润。它是衡量企业生产经营管理水平的重要综合指标。

1. 营业利润

营业利润是指主营业务收入减去主营业务成本、主营业务税金及附加，加上其他业务利润，减去营业费用、管理费用和财务费用等项目后的金额。其计算公式如下：

营业利润=主营业务利润+其他业务利润-营业费用-管理费用-财务费用

其中，主营业务利润和其他业务利润的计算公式如下：

主营业务利润=主营业务收入-主营业务成本-主营业务税金及附加

其他业务利润=其他业务收入-其他业务支出

2. 利润总额

利润总额若为正数，则表示盈利；若为负数，则表示亏损。其计算公式如下：

利润总额=营业利润+投资收益+补贴收入+营业外收入-营业外支出

营业利润在上面已经讲述，下面主要介绍投资收益、补贴收入、营业外收入、营业外支出。

（1）投资收益

投资收益包括对外投资分得的利润、股利和债券利息，投资到期收回或者中途转让取得的款项高于账面价值的差额，以及按照权益法核算的股权投资，在被投资单位增加的净资产中所拥有的数额等。

（2）补贴收入

补贴收入是指企业按规定实际收到返还的增值税，或依据国家规定按期给予的销量、工作量等的定额补贴，以及属于国家财政扶持的领域而给予的其他形式的补贴。

（3）营业外收入

企业营业外收入是指与企业销售收入相对应的，虽与企业生产经营活动没有直接因果关系，但与企业又有一定联系的收入。具体内容如下：

第一，固定资产的盘盈和出售净收益。

盘盈的固定资产的净收益是按照原价扣减估计折旧后的余额；出售固定资产净收益是指转让或者变卖固定资产所取得的价款减去清理费用后的数额，与固定资产账面净值的差额。

第二，罚款收入。

罚款收入是指对方违反国家有关行政管理的法规，按照规定支付给本企业的罚款，不包括银行的罚息。

第三，因债权人原因确实无法支付的应付款项。

因债权人单位变更登记或撤销等无法支付的应付款项，均属于因债权人原因确实无法支付的应付款项。

第四，教育费附加返还款。

教育费附加返还款是指自办职工子弟学校的企业，在缴纳教育费附加后，教育部门返还给企业的所办学校经费补贴。

（4）营业外支出

营业外支出的具体内容如下：

第一，固定资产盘亏、报废、毁损和出售的净损失。

固定资产盘亏、毁损是指按照原价扣除累计折旧、过失人及保险公司赔款后的差额；固定资产报废是指清理报废的变价收入减去清理费用后与账面净值的差额。

第二，非季节性和非修理期间的停工损失。

季节性和修理期间的停工损失计入制造费用，非季节性和非修理期间的停工损失计入营业外支出。

第三，职工子弟学校经费和技工学校经费。

职工子弟学校经费是指企业按照国家规定，自办的职工子弟学校支出大于收入的差额；技工学校经费是指根据国家规定，自办技工学校所发生的经费支出。

第四，非常损失。

非常损失是指自然灾害造成的各项资产净损失（扣除保险赔偿及残值），还包括由此造成的停工损失和善后清理费用。

第五，公益救济性捐赠。

公益救济性捐赠是指国内重大救灾或慈善事业的救济性捐赠支出。

第六，赔偿金、违约金。

企业因未履行有关合同、协议而向其他单位支付的赔偿金、违约金、罚息等罚款性支出。

### 3.净利润

净利润，又被称为税后利润，是指企业利润总额减去所得税后的金额。其计算公式如下：

$$净利润＝利润总额-所得税$$

### （二）增加利润的途径

从利润总额构成可以看出，企业利润是销售量、单价、单位成本、期间费用和营业外收入等多个因素综合作用的结果。因而，增加利润的主要途径如下：

#### 1.增加产量，提高质量，不断扩大销售

增加产量，提高质量，不断扩大销售是增加利润的根本途径。企业通过增加产量，提高产品质量，多生产适销对路的产品，充分地进行市场预测，扩大销售收入。

#### 2.挖掘潜力，降低成本

挖掘潜力，降低成本，是增加利润的重要途径。在扩大销售收入的前提下，成本费

用的多少便是利润多少的决定因素。它们之间存在着此消彼长的关系。成本费用开支越大，利润越少；反之，成本费用开支越少，利润越多。

3.合理运用资金，加速资金周转

合理运用资金，加速资金周转是增加利润的又一重要途径。合理运用资金，使各种资金占有形态保持恰当的比例关系，加速资金周转。在资金占用总量不变的情况下，周转速度加快，销售收入增加，企业利润增加。

（三）利润管理的要求

1.实行利润目标分管责任制，保证目标利润完成

利润是通过各项经营活动，以及对资金、费用、其他损益项目的管理取得的。所以，对利润的管理实际上是对企业实行全面的质量管理，力求做到投入少、产出多。在利润总额中，营业利润是主体。

通常的做法是将企业计划利润作为一个总目标，由主目标产生分目标，按组织层次层层展开，形成一个目标网络。为了完成企业的总目标，在企业内部各部门、各层次都设立部门目标或个人目标，由若干部门目标支持总目标，若干个下级目标或个人目标支持部门目标。

2.正确处理财务关系，合理进行利润分配

企业采取各项扭亏增盈的措施，必须严格执行有关国家财经法规。应当正确结转、分摊或预提费用，正确计算营业外收支，正确计算和结转产品生产成本和各种期间费用，如实反映企业财务状况，以确保企业财务结果的真实性。同时，应在国家、企业和投资者之间正确地分配利润，在保证国家财政收入的前提下，促使企业的投资者和职工个人关心企业的经营成果，提高投资者和职工参与经营管理的积极性，使企业盈利能够持续、稳定地增长。

（四）利润规划

利润规划是指企业为实现目标利润，而综合调整其经营活动规模和水平，它是企业编制期间预算的基础。利润规划要把企业继续存在、发展及实现目标利润所需的资金、可能取得的收益，以及未来要发生的成本和费用这三者紧密联系起来。利润规划之所以强调成本、数量、利润分析，也正是这个缘故。

## 1.本量利分析

本量利分析是指对成本、数量、利润相互关系的分析。它是在成本划分为变动成本和固定成本的基础上发展起来的，是企业财务计划和控制最主要的基础工具。

（1）成本性态分析

以成本和数量的关系为基础，进行本量利相互关系的研究，通常被称为成本性态研究。所谓成本性态，是指成本总额对业务量总数的依存关系，也被称为成本习性、成本特性等。业务量是企业生产经营活动水平的标志量，既可以是产出量，也可以是投入量；既可以是实物量、时间量，也可以是货币量，如产品产量、人工工时、销售量、材料消耗量、生产能力利用百分数、工人工资、机器运转时数、运输吨公里数等。

固定成本是成本中相对稳定的一部分，当业务量在一定范围变动时，对其没有显著影响。变动成本则与业务量成正比例变化，业务量增加，变动成本也随之增加；业务量下降，变动成本也随之减少。

成本性态可通过高低点法、散布图法、回归直线法、工业工程法、契约检查法和账户分析法等方法，建立成本与业务量关系的直线方程式进行分析。

（2）本量利数学表达之一——损益方程式

第一，基本的损益方程式。

由于：

$$利润 = 销售收入 - 总成本$$
$$销售收入 = 单价 \times 销量$$
$$总成本 = 变动成本 + 固定成本 = 单位变动成本 \times 产量 + 固定成本$$

假设产量和销量相同，则有：

$$利润 = 单价 \times 销量 - 单位变动成本 \times 销量 - 固定成本$$

上式就是明确表达本量利之间数量关系的基本损益方程式，如果已知其中4个变量，则可求出另一个未知量的值。

第二，损益方程式的变换形式。

基本的损益方程式把"利润"放在等号的左边，其他的变量放在等号的右边，这种形式便于预期利润。如果待求的数值是其他变量，则可以将方程进行恒等变换，使等号左边是待求的变量，其他参数放在右边。

### 2.各因素变动分析

因素变动分析主要研究两个问题：一是产销量、成本和价格发生变动时，测定其对利润的影响；二是目标利润发生变动时，分析实现目标利润所需要的产销量、收入和支出。如果盈亏临界分析主要研究利润为零的特殊经营状态的有关问题，那么，变动分析则主要研究利润不为零的一般经营状态的有关问题。

（1）分析有关因素变动对利润的影响

在决定任何生产经营问题时，都应事先分析拟采取的行动对利润的影响。一般情况下，企业遇到下列三种情况时，需要测定利润的变化：

第一，外界因素发生变化，如单位变动成本、价格、固定成本或销量等。

第二，由于企业拟采取某项行动，将使有关因素发生变动。

第三，由于外界因素变化或企业拟采取某项行动，使有关的因素发生相互关联的影响。

（2）分析实现目标利润的有关条件

企业可以采取单项措施以实现目标利润，如减少固定成本、变动成本，提高售价、增加产销量等，然而在现实生活中，影响利润的因素是相互关联的。为了提高产量，往往要增加固定成本，与此同时，为了把它们顺利销售出去，有时又需要降低售价或增加广告费。因此，企业很少采取单项措施来提高利润，而大多采取综合措施以实现利润目标，这就需要进行综合计算和反复平衡。

## 三、利润分配管理

利润分配是指企业实现的利润总额经调整后，按照有关规定上缴所得税，提取盈余公积金、公益金，向投资者分配利润等活动。企业利润是生产者剩余劳动所创造产品价值的一部分，利润分配的实质就是利用货币形式对这部分产品进行分配。

利润分配是一项政策性很强的工作，必须按照国家制定的有关法规、制度进行，兼顾国家、企业、投资者和职工各方面的经济利益。利润分配制度作为财务管理体制的重要组成部分，随着财务管理体制的调整变化，在我国经历了一个曲折的演变过程。利润分配制度的长期改革与实践证明，无论是以利代税、以税代利或是利税承包等，任何形式的税利合一，都存在着种种弊端，不符合政企分开、经营权和所有权相分离的原则，"税利分流，税前还贷，按资分红"才是利润分配制度改革发展的方向。

### （一）利润分配的一般程序

#### 1.亏损的管理

企业一定时期的收入如果抵补不了支出，其差额表现为亏损。企业的亏损按性质不同可分为政策性亏损和经营性亏损两种。

（1）政策性亏损

政策性亏损是指企业因执行国家有关政策而发生的亏损。对于政策性亏损，经财政部门核定后，企业可实行定额补贴或亏损包干等，促使企业增产节约，增收节支，努力减少亏损。

（2）经营性亏损

经营性亏损是指企业因经营不善、管理混乱而造成的亏损。对于经营性亏损，原则上应由企业自行解决。根据相关制度规定，企业发生的年度亏损，可以用下一年度的税前利润等弥补；下一年度不足弥补的，可以在5年内延续弥补；5年内不足弥补的，用税后利润等弥补。

#### 2.税后利润分配的管理

企业实现的利润总额，按照国家有关规定作相应调整后即为应纳税所得额，应纳税所得额乘以适用税率即为应纳所得税额，企业应依法缴纳所得税。除国家另有规定外，税后利润按下列顺序进行分配：

第一，被没收的财物损失，违反税法规定支付的滞纳金和罚款。

第二，弥补企业以前年度亏损。

第三，提取法定盈余公积金。法定盈余公积金按照税后利润扣除前两项后的10%提取，盈余公积金已达注册资金50%时可不再提取。

第四，提取公益金。

第五，向投资者分配利润。企业以前年度未分配的利润，可以并入本年度向投资者分配。

对税后利润分配进行管理，应注意以下几个问题：

第一，企业以前年度亏损未弥补完，不得提取盈余公积金、公益金。

盈余公积金是指企业从税后利润中形成的公积金，包括法定盈余公积金和任意盈余公积金。法定盈余公积金是企业按照国家的有关规定，从税后利润中按规定比例提取的公积金。任意盈余公积金是企业出于经营管理等方面的需要，根据董事会决定或公司章程自行决定，从当期税后利润中提取的公积金。

第二，在提取盈余公积金、公益金之后，方能向投资者分配利润。

企业可供投资者分配的利润由两部分组成：一是企业税后利润在按上述顺序分配后的剩余部分；二是企业以前年度未分配的利润。企业向投资者分配利润的方式，取决于企业的组织形式。

第三，股份有限公司利润分配的特殊性。

股份有限公司税后利润在提取法定盈余公积金和公益金后，根据财务制度的规定，剩余利润按照下列顺序进行分配：

第一，支付优先股股利。

第二，提取任意盈余公积金。任意盈余公积金按照公司章程或者股东大会决议提取和使用。

第三，支付普通股股利。

上述规定表明：任意盈余公积金的提取，是在分配优先股股利之后，但在分配普通股股利之前；向投资者分配利润时，先向优先股股东分配，有剩余再向普通股股东分配。

## （二）股利政策

股利是股息和红利的简称，是股份公司从税后利润中分配给股东的部分，是股份公司对股东投入资本的一种回报。股利政策是指股份公司在确定股利及相关事项时所采取的方针和策略。它通常包括股利支付比率、股利支付方式、股利支付程序等内容。股利政策的核心是股利支付比率，它影响到股份公司股票在证券市场上的价格、筹资能力和积累能力。

### 1.影响股利政策的因素

制定合理的股利政策，是股份公司利润分配管理的重要内容，也是一项难度较大的工作。股利政策关系到企业的市场价值、再筹资能力及将来的发展。影响股利政策的因素归纳起来主要有以下三个方面：

（1）法律因素

法律因素是指国家有关法律法规中关于股利分配的规定。概括起来主要体现在以下两个方面：

第一，资本保全要求。

为了保护投资者的利益，要求支付股利的资金只能是公司的当期利润或保留盈余，即不能因为支付股利而减少资本总额。

第二，资本积累要求。

企业在股利分配时，要求遵循积累优先的原则，必须先按一定的比例和基数提取各种公积金。

（2）股东因素

由于股利政策最终必须经董事会决定并由股东大会审议通过，所以企业股东的意见和要求也是影响股利政策的重要因素。具体表现在以下三方面：

第一，控制权的稀释。

在控制权为少数股东所掌握的公司，如果股利支付比率过高，留存收益将相应减少，公司将来想要发展势必会通过增发股票来筹集资金，从而可能导致控制权稀释或旁落他人。

第二，避税。

有的股东为减少股利的所得税支出，要求采用低股利政策，以期通过提高股票价格来获取更多的资本收益。

第三，投资目的。

有的股东依靠股利收入来维持生活，要求给予固定的股利收益。

（3）公司因素

公司因素是指企业的经营情况和财务状况等因素。具体表现在以下几方面：

第一，偿债要求。

企业对外负债时，债权人为了降低债务风险，往往在贷款合同或企业债券上规定了企业支付股利的一些限制性条款。例如，规定每股股利的最高限额；规定企业的某些财务指标，如流动比率、利息保障倍数等，达到安全标准才能支付股利；规定必须建立偿债基金后方能支付股利等。

第二，借债能力。

如果企业借债能力强，在较短时间内就能筹措到所需的货币资金，即可采用高股利政策；反之，则应采用低股利政策。

第三，资产的流动性。

如果企业拥有大量的现金和流动资产，流动性较强，可以采用高股利政策；反之，则应采用低股利政策以降低财务风险。

第四，资本成本。

资本成本的高低是企业选择筹资方式的重要依据。与发行股票、债券和银行借款等筹资方式相比较，利用留存收益筹资具有资本成本低、隐蔽性强等优点。因此，如果企业发展需要大量资金，应采用低股利政策。

2.股利政策的确定

合理确定股利政策，就是在综合考虑上述影响因素的基础上，在各种类型的股利政策中做出正确的选择。股份公司采用的股利政策通常有以下几种类型：

（1）固定股利政策

在固定股利政策下，不论企业经营情况如何，每期支付的股利固定不变。只有当预期未来盈余会显著不可逆转地增长时，方提高每期股利的支付额。企业采用该政策主要是为了避免出现因经营不善而削减股利、损害企业财务形象等情况。该政策的主要缺点是股利的支付与企业盈利脱节，当盈利较低时仍要支付固定的股利，从而可能导致企业资金短缺、财务状况恶化。

（2）固定股利支付率政策

固定股利支付率政策亦称变动的股利政策，即企业每年按固定的比例从税后利润中支付股利。由于企业在各年间的利润是变动的，因而股利额也随之发生变动，这样就可以使股利的支付与企业盈利密切配合，体现多盈多分，少盈少分，不盈不分的原则。该政策的不足之处是每年股利随企业盈利频繁变动，影响企业股票价格的稳定性，不利于企业树立良好的财务形象。

（3）正常股利加额外股利政策

在正常股利加额外股利政策下，企业除按固定数额向股东支付正常股利外，当企业盈利有较大幅度增加时，还需向股东增发一定数额的股利。

（4）剩余股利政策

在剩余股利政策下，企业如果有盈利，首先应考虑满足投资需要，只有在满足投资需要后有剩余，方用来支付股利。

3.股利支付形式

股利支付形式，常见的有现金股利、股票股利、财产股利，负债股利和股票重购等。

4.积极利用负债经营

在投资收益率大于债务成本率的前提下,积极利用负债经营,可以取得财务杠杆效益,从而降低资本成本,提高投资效益。

## 二、杠杆原理

### (一)经营杠杆

#### 1.经营杠杆的概念

经营杠杆,也被称为营业杠杆,是指由于固定成本的存在而导致的息税前利润变动率大于产销量变动率的杠杆效应。

经营杠杆对企业来说是把"双刃剑"。在固定成本一定的情况下,在一定业务量范围内,随着产销量的增加,虽然单位产品的变动成本基本保持不变,但是,单位产品分担的固定成本会降低,导致单位产品成本降低,单位产品利润增加,从而使企业息税前利润的增长率大于产销量的增长率;反之,在固定成本一定的情况下,在一定业务量范围内,随着产销量的减少,虽然单位产品的变动成本基本保持不变,但是,单位产品分担的固定成本上升,单位产品成本升高,单位产品利润减少,从而使企业息税前利润的降低率大于产销量的降低率。

如果不存在固定成本,那么,息税前利润的变动率将会与产销量的变动率保持一致。然而在实务中,企业生产经营通常都有固定成本,因此,必然存在经营杠杆作用,即产销量发生较小的变动,就会引起息税前利润较大的变动。

#### 2.经营杠杆系数

如前所述,只要企业有固定成本,就存在经营杠杆效应的作用。经营杠杆作用的大小一般用经营杠杆系数来衡量。

经营杠杆系数是指息税前利润变动率相当于产销量变动率的倍数,换言之,当产销量变动1倍时,引起息税前利润变动的倍数。

#### 3.经营风险

(1)经营风险的概念

经营风险,也被称为营业风险,是指企业因经营上的原因而导致息税前利润变动的风险，尤其是指利用营业杠杆而导致息税前利润变动的风险。经营风险代表着公司固有的未来经营效益的不确定性。

（2）影响经营风险的主要因素

第一，市场需求。

市场对企业产品的需求越稳定，企业的息税前利润越稳定，经营风险越小；反之，经营风险越大。

第二，销售价格。

产品销售价格越稳定，息税前利润越稳定，经营风险越小；反之，经营风险越大。

第三，材料价格。

原材料价格越稳定，息税前利润越稳定，经营风险越小；反之，经营风险越大。

第四，对销售价格的调整能力。

当通货膨胀使生产资料价格上涨时，若公司有能力将因生产资料涨价而增加的生产成本转移到销售价格上，则能够消除其对息税前利润的影响。这种调整能力越强，经营风险越小；反之，经营风险越大。

第五，固定成本。

固定成本与息税前利润的可变性之间没有必然的联系，但由于固定成本的性质使得产品的销售量发生变动时，单位产品分担的固定成本随着销量的增加而减少或随着销量的下降而增加，导致息税前利润以更大的幅度波动，从而增加经营风险。

第六，经济周期的敏感性。

若企业的销售收入随经济周期的变化而剧烈地波动，经营风险就大，如汽车制造业、旅游业。若企业对经济周期的敏感性弱，经营风险就小，如煤气公司、电力公司。

4.经营杠杆与经营风险的关系

如前所述，经营风险是指由于经营上的问题而导致的企业未来息税前利润的不确定性。

第一，经营杠杆系数越大，企业经营风险越大。经营杠杆本身并不是利润不稳定的根源，但是，经营杠杆扩大了市场和生产等不确定因素对利润变动的影响。

在实务中，控制经营风险的方法为增加销售额、降低单位变动成本、降低固定成本等。

第二，经营风险既可以用杠杆系数衡量，还可以用概率法衡量，即使用息税前利润的标准差或标准离差率表示，二者反映的结果是一致的。

## （二）财务杠杆

### 1.财务杠杆概念

财务杠杆是指由于所筹资本中固定性使用费用（如债务利息、优先股股息）的存在，而导致的普通股每股收益变动率大于息税前利润变动率的杠杆效应。

在企业债务资本、优先股资本数量既定条件下，企业债务的利息和优先股的股息是固定不变的。当企业的息税前利润增加时，从利润中扣除的固定性使用费用不变，致使每一元息税前利润分担的固定性使用费用降低，导致普通股每股收益以更大的幅度增加，从而给普通股股东带来更大的收益。反之，当企业息税前利润减少时，从息税前利润中扣除的固定财务费用也是不变的，从而给普通股股东带来更大的损失。因此，财务杠杆与经营杠杆一样，对企业来说也是把"双刃剑"。

### 2.财务杠杆系数

财务杠杆系数是指普通股每股收益变动率相当于息税前利润变动率的倍数。或者说当息税前利润变动1倍时，引起普通股每股收益变动的倍数。

### 3.财务风险

（1）财务风险的概念

广义的财务风险指因资本结构不合理、融资不当，使企业丧失支付利息和股息及到期本金的能力，从而导致投资者预期收益下降的风险。在资本结构中，债务资本、优先股资本相对普通股权益的比重越大，公司的支付能力就越差；投资者所要求的收益率越大，公司的资本成本就越高。狭义的财务风险指的是筹资风险，是针对债务资本、优先股股息偿付而言的。

第一，现金性财务风险。

这种风险是指公司在特定时点上，现金流出量超出现金流入量，而产生的不能偿付债务本息的风险。可见，现金性财务风险是由于债务的期限结构与现金流入的期间结构不相配套引起的，是一种支付风险。它表现为某一项债务不能及时偿还，或者是某一时点债务不能及时偿还。也正由于此，这种风险对公司以后各期的筹资影响不是很大。因此，现金性财务风险作为一种暂时性的偿债风险，只要通过合理安排现金流量和现金预算就能回避，因而对所有者收益的直接影响不大。

第二，收支性财务风险。

这种风险是指公司在收不抵支的情况下出现的不能偿还到期债务本息的风险。当公司收不抵支，即发生亏损时，将会减少公司净资产，从而减少作为偿债保障的资产总量。在负债不变的情况下，亏损越多，公司利用资产偿还债务的能力也就越低。一旦出现收不抵支，公司的债权人权益就很难保障，而作为公司所有者的股东，其承担的风险压力就更大。如果不加强管理，那么公司再筹资将面临很大的困难。

（2）影响财务风险的主要因素

第一，债务比例的大小。

公司如不发行债券、不借款，就不存在财务风险。公司债务比例上升，财务风险随之增大。

第二，收支的匹配程度。

如果公司的现金流入量与债务本金和利息的支付不匹配，财务风险就会上升，流动负债所占比例越大，无法按时支付利息和本金的可能性就越大，财务风险也就越大。

4.财务杠杆与财务风险的关系

财务杠杆会加大财务风险，企业举债比重越大，财务杠杆效应越强，财务风险越大。财务杠杆与财务风险的关系，可通过计算、分析不同资本结构下，普通股每股收益及其标准离差和标准离差率来进行测试。

## 三、资本结构

### （一）资本结构的含义

资本结构是指企业各种资本的构成及其比例关系。资本结构是企业筹资决策的核心问题，企业应该具体分析影响资本结构的各种因素，并运用适当的方法确定适合本企业发展的资本结构。

资本结构有广义和狭义之分。广义的资本结构又被称为财务结构，是指企业全部资本来源的构成与比例关系，不仅包括权益资本和长期债务资本，还包括短期债务资本。狭义的资本结构是指企业长期资本来源的构成与比例关系，仅包括权益资本和长期债务资本，不包括短期债务资本。

### （二）影响资本结构的因素

资本结构理论认为存在最优资本结构，企业在筹资的过程中，要通过不断地优化资本结构使之趋于合理，达到企业综合资本成本最低的资本结构，才能实现企业价值的最大化。影响资本结构的因素既有企业外部影响因素，又有企业内部影响因素。

1. 外部影响因素

（1）国家的发达程度

不同发达程度的国家存在不同的资本结构。有的发展中国家可能在资本形成、资本积累和资本结构的重整过程中存在制约资本问题的障碍。

第一，有的发展中国家经济发展状况较为落后，人均收入水平低，资本流量形成的源头枯萎。

第二，有的发展中国家储蓄不足，金融机构不健全，金融市场不发达，难以将分散、零星的储蓄有效地转化为投资，进而形成资本。

（2）经济周期

在市场经济条件下，任何国家的经济都处于复苏、繁荣、衰退和萧条的阶段性周期循环中。一般而言，在经济衰退、萧条阶段，由于整个经济不景气，很多企业举步维艰，财务状况经常陷入困难，甚至有可能恶化。因此，在此期间，企业应采取紧缩负债经营的政策。而在经济繁荣、复苏阶段，市场供求趋旺，大部分企业销售增加，利润水平不断上升，此时企业应该适度增加负债，充分利用债权人的资金进行投资和经营。

（3）企业所处行业的竞争程度

在宏观经济环境下，企业因所处行业不同，其负债水平不能一概而论。一般情况下，如果企业所处行业的竞争程度较弱或处于垄断地位，销售顺畅，利润稳定增长，破产风险很小甚至不存在，因此可适当提高负债水平。相反，如果企业所处行业竞争程度较高，投资风险较大，其销售完全是由市场决定的，利润处于被平均甚至降低的趋势，因此，企业的负债水平应低一点，以获得稳定的财务状况。

（4）税收机制

在一定程度上，国家对企业筹资方面的税收机制影响了企业的筹资行为，使企业对筹资方式做出有利于自身利益的选择，从而调整了企业的资本结构。因此，当资本利润率高于债务利率时，企业应该通过更多地筹集债务资本来获得避税收益，从而提高企业的价值。

（5）利率变动趋势

利率变动趋势会在一定程度上影响企业的资本结构。如果企业的财务管理人员认为利率暂时较低，但在不久的将来有可能上升，那么企业便会发行大量的长期债券，从而使利率在若干年内限制在较低的水平上。

2.内部影响因素

（1）企业规模

企业规模制约着公司的资本规模，也制约着企业的资本结构。一般而言，大企业倾向于多角化、纵向一体化或横向一体化经营。多角化经营战略能使企业有效分散风险，获得稳定的现金流，不易受财务状况的影响，从而使企业面临较低的破产成本，在一定程度上能够承受较多的负债。纵向一体化经营战略能够节约企业的交易成本，既提高了企业整体的经营效益水平，又提高了企业的负债能力。对于实行横向一体化战略的企业，由于企业规模的扩张会提高产品的市场占有率，因此企业会获得更高、更稳定的收益，并进一步提高自身的负债水平。

（2）资产结构

企业发行有抵押担保的债务，可以降低因债权人信息不对称所带来的信用风险，因此在有形资产作担保的情况下，债权人更愿意提供贷款。企业的有形资产越多，其担保的价值越大，可以筹集更多的资金。资产结构会以多种方式影响企业的资本结构：

第一，拥有大量固定资产的企业主要通过长期负债和发行股票筹集资金。

第二，拥有较多流动资产的企业，更多地依赖流动负债来筹集资金。

第三，资产适用于抵押贷款的企业举债较多，如房地产企业的抵押贷款就非常多。

第四，以技术开发为主的企业负债很少。

（3）企业获利能力

融资顺序理论认为，企业融资的一般顺序是"使用内部融资—债务融资—发行股票"。如果企业的获利能力较差，很难通过留存收益或其他权益性资本来筹集资金，那么只好通过负债筹资。这样会导致资本结构中的负债比重加大。当企业具有较强的获利能力时，就可以通过保留较多的盈余为未来的发展筹集资金。企业筹资的渠道和方式有较大的选择余地，既可以筹集到生产发展所需要的资金，又可以使综合资本成本尽可能降低。

（4）企业偿债能力

分析流动比率、速动比率、资产负债率、产权比率、有形净值债务率等财务指标，可以评价企业的偿债能力，同时还应在评价中考虑长期租赁、承担的责任，其他事项等因素对企业偿债能力的影响。

(5) 股利政策

股利政策主要是关于税后利润如何分配的筹资政策。如果企业不愿意接受债券筹资的高风险和产权筹资的稀释作用，则可以考虑用内部积累的方式筹集投资所需的部分或全部的资金。

(6) 所有者和经营者对公司权利和风险的态度

企业资本结构的决策最终是由所有者和经营者做出的。一般情况下，如果企业的所有者和经营者不想失去对企业的控制，则应选择负债融资，因为增加股票的发行量或扩大其他权益资本范围，有可能稀释所有者权益和分散经营权。

总之，企业的资本结构会受到外部、内部因素的影响，这些因素并非一成不变，而是不断地变化，资本结构也应该根据变化做出调整。企业在筹资过程中，应综合考虑以上因素，为了企业的长远发展，企业经营者应选择弹性较大的筹资方式，为资本结构的再调整留有余地。

## (三) 资本结构理论

资本结构理论是财务管理的重要组成部分，也是当代财务理论的核心内容之一，主要研究资本结构的变动对企业价值的影响。资本成本最低，且企业财务风险最小的资本结构能实现企业价值最大化，是最理想的资本结构。

在现实资本市场上，资本结构是否影响公司价值这一问题一直被称为"资本结构之谜"。人们在对这一问题的理解过程中形成了各种不同的资本结构理论，主要有以下几种：

### 1. 早期资本结构理论

20世纪50年代之前的资本结构理论被美国财务学者归纳为"早期资本结构理论"，主要有三种观点：

(1) 净收益理论

净收益理论是资本结构理论中的一个极端理论。它认为负债可以降低企业的资本成本，负债程度越高，企业的价值越大。它假设当资本结构中的负债比例提高时，负债资本成本和权益资本成本均不受财务杠杆的影响，无论负债程度多高，企业的负债资本成本和权益资本成本都不会变化。因此，只要负债成本低于权益成本，那么负债越多，企业的加权平均资本成本就越低，企业价值就越大。当负债比率为100%时，企业加权平均资本成本最低，企业价值最大。

### （2）营业收益理论

营业收益理论是资本结构理论中的另一个极端理论。它认为不论财务杠杆如何变化，企业加权平均资本成本都是固定的。因为企业利用财务杠杆时，随着负债比重的上升，即使负债成本本身不变，但加大了权益的风险，也会使权益成本上升，于是加权平均资本成本不会因为负债比率的提高而降低，而是维持不变，企业价值也保持不变。即资本结构与公司价值无关，决定公司价值的应是其营业收益。在这种理论下，不存在最佳资本结构，融资决策也就无关紧要。

### （3）传统理论

传统理论是一种介于净收益理论和营业收益理论的理论。它认为尽管企业利用财务杠杆会导致权益成本的上升，但在一定程度内不会完全抵消负债的低成本所带来的好处，因此会使加权平均资本成本下降，企业价值上升。但是，超过一定程度地利用财务杠杆，权益成本的上升就不能再为负债的低成本所抵消，加权平均资本成本便会上升。债务成本的上升和权益成本的上升共同作用，使加权平均资本成本上升加快。

## 2.现代资本结构理论

一般认为，MM理论的产生是早期资本结构理论与现代资本结构理论的分水岭。MM理论是美国经济学家莫迪格利安尼（Modigliani）和米勒（Miller）所建立的资本结构模型的简称，该理论提出了在不确定条件下分析资本结构和资本成本的新见解，并在此基础上发展了权衡理论。

MM理论认为，在没有企业和个人所得税的情况下，不论企业有无负债，企业价值都等于经营利润除以适用于其风险等级的报酬率。负债企业要依据负债程度而定风险报酬率，权益成本会随着负债程度的提高而增加。这样，增加负债所带来的利益完全被上涨的权益成本所抵消。因此，风险相同的企业，其价值不受有无负债及负债程度的影响。但在考虑所得税的情况下，由于存在税额庇护利益，企业价值会随负债程度的提高而增加，股东也可获得更多好处。于是，负债越多，企业价值也会越大。

## 3.平衡理论

平衡理论，也被称为权衡理论，该理论以MM理论为基础，又引入财务危机成本概念。它认为，当企业负债程度较低时，不会产生财务危机成本，于是，企业价值因税额庇护利益的存在会随负债水平的上升而增加；当负债达到一定界限时，负债税额庇护利益开始为财务危机成本所抵消；当边际负债税额庇护利益等于边际财务危机成本时，企业价值最大，资本结构最优。

### 4.代理理论

代理理论认为，债权筹资能够促使经理更努力工作，减少个人享受，并且做出更好的投资决策，从而降低由于两权分离而产生的代理成本；但是，负债筹资可能导致另一种代理成本，即企业接受债权人监督而产生的成本。

### 5.等级筹资理论

由于企业所得税的节税利益，负债筹资可以增加企业的价值，即负债越多，企业价值增加越多，这是负债的第一种效应。但是，财务危机成本期望值的现值和代理成本的现值会导致企业价值的下降，即负债越多，企业价值减少额越大，这是负债的第二种效应。

## 第五节 营运资本管理

企业的短期财务决策，就是营运资本的财务管理与决策，它包括短期融资和流动资产管理两方面的内容。短期财务决策的目的有二：一是筹措融通由于季节性、周期性和随机性因素而造成企业经营活动所需资金的波动变化；二是正确地管理与运用流动资产，使现有的固定资产得到最大限度的利用，促进企业的正常运营与有效增值。

### 一、营运资本的特征及原则

营运资本，又被称为营运资金、循环资本，有广义和狭义之分。广义的营运资本又被称为总营运资本，是指一个企业流动资产的总额；狭义的营运资本又被称为净营运资本，是指流动资产减去流动负债之后的余额。如果该余额值为正，则称营运资本为正。流动资产通常包括现金、有价证券、应收票据、应收账款、预付账款、存货等；流动负债通常包括短期借款、应付票据、应付账款、预收账款，以及其他应付款项等。

## 二、营运资本管理的策略

营运资本管理策略包括营运资本投资策略、营运资本筹资策略、营运资本策略组合。

1. 营运资本投资策略

营运资本投资策略的目的是在总资产水平既定的条件下,合理确定流动资产与固定资产等长期资产的比例关系。这一比例关系的表现形式是流动资产占总资产的比重。企业可以选择的营运资本投资策略有三种:

(1) 保守策略

企业流动资产占总资产的比例相对较大,除正常流动资产需要量及基本保险储备量外,再增加一定的额外储备量。由于流动资产的收益率一般低于固定资产的收益率,因此,这一策略的预期盈利能力将较低。

(2) 激进策略

企业流动资产占总资产的比例相对较小,流动资产一般只满足正常需要,不安排或只安排很少的保险储备。

(3) 中庸策略

企业流动资产占总资产的比例相对适中,在流动资产保证正常需要的情况下,再适当增加一定的保险储备。其预期盈利能力和风险介于保守策略与激进策略。

最优的营运资本投资水平,也就是预期能使企业价值最大化的水平。这一水平是多种因素共同作用的结果,它们包括销售水平和现金流动的变动性、经营杠杆和财务杠杆等。

2. 营运资本筹资策略

营运资本筹资策略的目的是在总资产水平既定的条件下,合理确定流动负债与长期负债的比例关系。这一比例关系的表现形式是流动负债占总资产的比重。企业可以选择的营运资本筹资策略有三种:

(1) 保守策略

全部长期资产、永久性流动资产(企业维持生产经营所需要的最低水平的流动资产),以及部分临时性流动资产(受季节性、周期性影响的,如季节性存货、销售和经营旺季的应收账款)所需要的资金均由长期负债与自由资金来筹集,其余的临时性流动资产由短期负债来筹集。在这种情况下,短期融资的使用、流动负债占总资产的比例等,均被限制在一个较低的水平上。

（2）激进策略

临时性流动资产和一部分永久性流动资产所需资金由流动负债来筹集，其余的永久性流动资产与长期资产所需要的资金，由长期负债与自由资金来筹集。更加极端的表现是，有的企业用流动负债来筹集所有的永久性流动资产，乃至部分固定资产所需资金。

（3）中庸策略

临时性流动资产所需资金以流动负债来筹集，永久性流动资产与长期资产所需资金由长期负债和自由资金来筹集。这种策略使流动负债水平介于激进策略与保守策略，因此，其收益与风险也处于两者之间。

### 3.营运资本管理的策略组合

营运资本管理是营运资本投资管理与筹资管理的统一结合，既要研究它们各自的策略选择，更需要分析它们之间的相互作用。

（1）最激进的营运资本管理策略

当营运资本的投资策略和筹资策略均选择十分激进的策略时，企业的收益水平最高，但相应的风险水平也最高。

（2）激进的营运资本管理策略

具体有两种情况：

第一，激进的筹资策略和中庸的投资策略的组合。

第二，中庸的筹资策略和激进的投资策略的组合。

（3）中庸的营运资本管理策略

具体有三种情况：

第一，激进的筹资策略和保守的投资策略的组合。

第二，保守的筹资策略和激进的投资策略的组合。

第三，中庸的筹资策略和中庸的投资策略的组合。

（4）保守的营运资本管理策略

具体有两种情况：

第一，保守的筹资策略和中庸的投资策略的组合。

第二，中庸的筹资策略和保守的投资策略的组合。

（5）最保守的营运资本管理策略

企业营运资本的筹资策略和投资策略均十分保守，在这种情况下，企业的收益水平最低，相应的风险水平也最低。

## 三、营运资本管理策略选择的影响因素

风险与收益的权衡是影响营运资本管理策略选择的首要因素，此外，还有以下因素影响营运资本管理策略的选择：

1. 行业因素

不同行业的经营内容和经营范围有着明显的差异，从而导致不同行业的流动资产比例、流动负债比例、流动比率等也存在着较为明显的差异。

2. 规模因素

规模大的企业与规模小的企业相比，其流动资产比例可以相对较低。因为规模大的企业具有较强的融资能力，当出现偿债风险时，一般能够迅速筹集到资金，承担风险的能力较强，从而可以使流动资产比例处于一个较低的水平。

3. 利率因素

利率的动态变化及长短期资金利率的静态差异，均会对营运资本水平产生明显影响。当利率较高时，企业倾向于降低流动资产比例，以减少对流动资产的投资，降低利息支出。当长短期资金的利息率相差较小时，企业倾向于降低流动负债比例，以更多地利用长期资金；反之，流动资产比例和流动负债比例则会出现相反的变动趋势。

4. 经营决策因素

营运资本管理策略是企业整体经营决策的一个组成部分，它不仅对其他经营决策产生影响，而且也受到其他经营决策的影响。这些经营决策主要包括生产决策、信用政策、股利政策、长期投资决策等。

# 第四章 财务成本控制概述

## 第一节 成本的概念与分类

### 一、成本的概念

在日常生活中,也许没有一个会计名词比"成本"用得更广泛了。然而,不同的人对成本有不同的理解。从会计观点来看,成本是为换得某种货物或某项劳务所放弃的资源的量。被放弃的资源通常是货币,即使不是货币,也用货币单位来表现。确定成本的过程有时很简单,许多产品和劳务的成本,只要问一下卖主或代理商就能知道。但如果货物并非购入而是生产出来的,确定其成本可能就比较困难。例如,一件工厂生产产品的成本,是许多种生产资源的成本的结合体。

确定产品成本的困难,阻挡不住企业生产产品和提供劳务。完善的成本会计制度和程序,为各种各样的产品生产提供了确定成本的手段。许多管理会计报表和有关管理决策都要靠成本数据作为原始资料。

要确定任何一种产品或一项经济活动的成本,首先必须明确成本对象。成本对象,是指要确定其成本的产品或活动。成本对象大都是物质产品(如轮胎、冰箱、背包等),但也可能是某项活动(如广告活动或计算机操作等)。

每个公司成功的因素有很多,如以顾客为中心、拥有技术熟练的管理队伍等。但是,降低成本也是一个公司成功的主要原因之一。任何行业在成功实施成本控制之前,都需要对成本类型有较深刻的理解。

## 二、成本的分类

### （一）会计成本

**1.成本按其经济用途的分类**

在企业中，成本通常按其经济用途划分为生产成本、销售成本和管理成本三类。

（1）生产成本

生产成本是指企业为生产产品或提供劳务而发生的成本。这部分成本又可根据具体的经济用途分为料、工、费三个项目。

第一，直接材料。

直接材料是指直接构成产品实体的原材料成本，它的一个重要特征就是能准确地归属于某一产品。

第二，直接人工。

直接人工是指企业在生产中对原材料进行直接加工，使之变成产品所耗用的人工成本。与直接材料类似，直接人工必须能直接归属到产品上。

第三，制造费用。

制造费用又被称为间接制造费用，是指在生产中发生的不能归入上述两个成本项目的其他成本支出。它包括许多内容，因此又可将其细分为间接材料。间接材料是指在生产中发生的但不易归入某特定产品的材料成本。

（2）销售成本

销售成本是指在流通领域为推销产品而发生的各项成本。包括广告宣传费、送货运杂费、销售佣金、销售人员工资，以及销售部门的办公费、差旅费、修理费等其他费用。

（3）管理成本

管理成本是指除生产成本和推销成本以外，企业行政部门为组织企业生产所发生的成本。如董事费、管理人员薪金等。

**2.成本按产品成本和期间成本分类**

（1）可计入存货的成本

可计入存货的成本是指在发生时先作为存货，在其出售时转为费用的成本。例如，先将生产耗用的材料成本、人工成本和间接制造费用记为产品成本，产品未出售前，产品成本作为"资产"列入财务报表,产品出售时转为费用,从收入中扣减。可计入存货的成本是按照因果关系原则确认为费用的。

(2) 资本化成本

资本化成本是指先记录为资产,然后逐步分期转为费用的成本。例如,固定资产的购置支出,先记为固定资产成本,在财务报告中列为"资产",该资产在使用年限内分期提取折旧,陆续转为费用。资本化成本是按"合理地和系统地分配原则"确认为费用的。

(3) 费用化成本

费用化成本是指在成本发生的当期就转为费用的成本。费用化成本包括两种类型:一种是根据因果关系原则确认的费用。例如,公司管理人员的工资,其效用在本期已经全部消失,应在本期确认为费用。另一种是不能按因果关系和"合理地和系统地分配"的原则确认的费用。例如,广告成本,它可以为企业取得长期的效益,但很难确定哪一个会计期获得多少效益,因此不得不立即确认为费用。

(二) 机会成本

在制定资源使用决策时,从若干可供选择的方案中选取某一种方案,而放弃使用资源的最佳备选方案,其中所丧失的"潜在收益"(即可能实现的所得),就是机会成本。机会成本是在对有限资源的利用进行决策分析时而产生的概念。资源往往有多种用途(即有多种使用机会),但通常又是稀缺的。因此,一旦将其用于某一方面,就不能同时用于另一方面,即资源的使用具有排他性。资源的用途极多,因此资源使用机会也往往会在两种以上,它们的潜在收益也会有一定的甚至是较大的差异。在这种情况下,一般会根据所放弃的耗用资源的最佳用途确定机会成本。

尽管机会成本并不是一般意义上的"成本",也不用记入会计账簿,不会构成企业的实际支出,但它表明把资源用于某一方面可能取得的利益,是以放弃它用于其他方面可能取得的利益为代价的。因此,在进行决策时,只有将落选方案有可能获得的"潜在收益"作为机会成本计入中选方案的相关总成本中,才能全面、合理地评价中选方案的经济效益,正确判断被选用的方案是否最优,从而使资源得到最有效的利用。忽视机会成本,有可能造成决策失误。

## （三）沉没成本

沉没成本是指不需要动用本期现金等流动资产的成本，它所涉及的是以前的付现成本。例如，固定资产的折旧费用、无形资产的摊销费用等，当按一定的方法计入本期费用时，并未动用本期的现金与流动资产，而是动用以前的付现成本在当期的摊销，这种不需动用本期现金等流动资产的成本，被称为沉没成本。沉没成本不影响未来的成本，也不为现在或将来的行为所改变，如以前购买设备的取得成本和现有存货的制造成本，不论设备和存货现在的用途如何，取得它们所花费的成本都不能为将来的行为所改变。

尽管从经济角度看，让沉没成本影响未来决策的行为是不正确的，但人们总是这样做。这是人性中为过去辩护的特点使然，当需要对自己或他人证明竞争力时，经理们总是为自己的决策辩护。管理会计师们对这种行为倾向的理解是很重要的，这种理解使会计师们能够为经理决策提供最相关的信息，有时还能帮助经理们使用信息。

## （四）付现成本

付现成本是指目前需要用现金等流动资金支付的成本。付现成本这一概念常在制定决策时使用，特别是制定生产决策时，常需考虑生产所需的资金问题。需要注意的是，付现成本不一定都是变动成本，有时也可能是固定成本。

## （五）边际成本、差别成本和增量成本

成本从反映差异的不同可分为边际成本、差别成本和增量成本。

### 1.边际成本

边际成本是指业务量（产量或销量）增加一个单位所增加的成本。从理论上讲，边际成本是指业务量无限变小后的成本的变动额，由于业务量的最小变动只能是一个单位变动，所以边际成本实际上只能是业务量增减一个单位量所引起的成本变动额。在大批量生产情况下，由于在一定的生产能力范围内，单位产品只增加变动成本，所以边际成本常表现为变动成本。在生产情况下，增加一个单位产品常需增加生产能力，即需增添机器设备等，这时边际成本就包括因增加这一单位产品所发生的所有变动成本和固定成本。但在会计实务中，人们也常常将增加一批产量所增加的成本看作边际成本，这时的边际成本实际上是边际成本总额。边际成本往往应用于决策中，当设计生产能力未被充分利用，产品的售价高于成本时，企业可以增加收入。

## 2.差别成本

差别成本是指两个不同方案之间对比预计成本的差额。在做出决策时，由于各个方案所选用的生产方式、生产工艺和生产设备不同，各方案预计发生的成本也不同。各方案预计成本的差异，被称为差别成本。差别成本包括由于产量增加而增加的变动成本，也包括超过一定生产能力范围所需要新增的固定成本和混合成本。

差别成本可应用于决策。在产品售价或销售收入相同的情况下，差别成本是进行决策的重要依据。两个或两个以上决策方案的差别成本，与它们的差别收入相对比，如果差别收入大于差别成本，则两个对比方案的首选方案就较优。

## 3.增量成本

增量成本是指当选定某一方案为基本方案，其他方案与之相比所增加的成本，即两个方案之间的成本差额。

### （六）可避免成本和不可避免成本

可避免成本与不可避免成本是按决策方案变动对某项支出是否可避免来划分的成本。

## 1.可避免成本

可避免成本是指当决策方案改变时，某些可免于发生的成本，或者在有几种方案可供选择的情况下，当选定其中一种方案时，所选方案不需支出而其他方案需支出的成本。可避免成本常常是与决策相关的成本。

## 2.不可避免成本

不可避免成本是指无论决策是否改变、无论选用哪种方案，都需发生的成本，即在任何情况下都需发生的成本。

### （七）责任成本

责任成本是一种以责任中心为对象计算的成本。它是考核评价各责任中心经营业绩和职责履行情况的重要依据。责任成本的计算原则是"谁负责，谁承担"，即不管用于哪种产品，只要是由该责任中心负责生产的，就由该责任中心承担责任。责任成本大部分是可控成本，因为只有责任中心能控制的成本，才能作为考核评价其业绩的依据。责任成本是责任会计核算的一个重要内容。在实现电算化会计信息系统的企业中,责任成本的核算可与产品成本的核算统一设计,以有效地协助企业管理部门进行责任考核。

### (八)可控成本与不可控成本

可控成本与不可控成本是以费用的发生能否由特定管理层控制来划分的成本。可控成本是指考核对象能对成本的发生予以控制的成本。凡成本能受管理者控制的成本为可控成本;反之,则为不可控成本。对生产产品的工厂来说,由公用事业部门提供的水、电、煤气的价格是不可控成本,因为这些成本并不以生产工厂的意志为转移。

可控成本与不可控成本都是相对的,而不是绝对的。可能某一项成本对于一个部门来说是可控的,对另一部门来说就是不可控的。但从整个企业来考察,所发生的一切费用都是可控的,只是这种可控性需要分解落实到确切的部门。

### (九)相关成本与非相关成本

成本按与预测、决策是否有关可分为相关成本和非相关成本。相关成本是指与预测、决策有关的成本。例如,当企业决定是否接受一批订货时,生产该批订货所需发生的各种成本即相关成本。如果该批订货是一种特殊订货,即其价格低于以前生产这种产品的完全成本时,其相关成本就是生产该批产品的变动成本。如果生产这批订货需扩大生产能力时,相关成本就既包括生产该批订货的变动成本,还包括添置机器设备所需发生的其他成本。非相关成本是指与预测、决策不相关的成本,因而决策时可不予考虑。

区分相关成本与非相关成本的意义如下:

第一,在难以得到足够资料的情况下,能有效地进行决策分析。企业需要明确区分哪些是相关成本,哪些是非相关成本,舍弃后者,才能确定决策依据。

第二,简化分析,集中注意力,保证决策结果的正确性。尽管企业有时已经得到决策分析所需的全部资料,但将相关成本与非相关成本混合,容易使整个情况趋于混乱,分散分析者的注意力,分析者不能有效区分相关成本与非相关成本。

企业要正确地区分相关成本与非相关成本,不可一概而论,必须对具体问题进行具体分析。相关成本与非相关成本是相对的。由于决策的对象不同、决策的期间不同、决策的范围不同,同一成本项目有时属于相关成本,有时也属于非相关成本。

## 第二节 固定成本与变动成本

### 一、成本性态的意义

成本性态，有时也被称为成本习性，是指成本总额与业务量（产量或销售量）之间的依存关系。因为这种依存关系是客观存在的，所以称其为"性态"或"习性"。

这里的成本总额，是指企业为取得销售收入而付出的制造成本和非制造成本。也就是说，它不仅包括产品的全部生产成本，还包括企业的销售费用和管理费用等所构成的期间成本。

这里的业务量，是指企业为进行生产经营活动而投入的工作量，它是企业生产活动的业务基础。对于一般的企业，通常用产量或销量来衡量其业务量水平。

### 二、成本依其性态的分类

企业的全部成本依其性态，可以分为固定成本、变动成本和混合成本三类，现分述如下：

#### （一）固定成本

所谓固定成本，是指在一定时期和一定业务量范围内，成本总额不受业务量增减变动的影响而固定不变的成本项目。

按其支出数额能否由企业管理人员在短期计划与决策范围内改变，固定成本又可分为酌量性固定成本和约束性固定成本两类。

1.酌量性固定成本

所谓酌量性固定成本，是指通过企业管理人员的短期决策行为改变其支出数额的成本项目。如企业的广告费、新产品研究开发费用、职员培训费、科研试验费等。这类费用的支出与管理人员的短期决策密切相关，即管理人员可以根据企业当时的具体情况和财务负担能力,来决定这类费用是否继续支出,以及支出数额的增加或减少。

2.约束性固定成本

所谓约束性固定成本,是指通过企业管理人员的短期决策行为不能改变其支出数额的成本项目。如企业固定资产折旧费、保险费、租赁费、不动产税金及管理人员的薪金等。这类费用与企业管理人员的长期决策密切相关,当管理人员一旦决定基于约束性固定成本项目进行决策,则在短期经营中,该项成本就超出了管理人员所能控制的范围。

显然,对固定成本的这种分类,有助于针对不同类别固定成本的特性来选择降低固定成本的有效途径。一般来说,要降低酌量性固定成本,应在保持其预算功能的前提下,尽可能减少其支出数额。

还应该注意的是,酌量性固定成本与约束性固定成本之间并没有绝对的界限,一项具体的固定成本究竟应归属于哪一类,取决于企业管理层特定的管理方式。若该企业的管理层倾向于经常性地分析大多数固定成本项目的可行性,则其固定成本中的酌量性固定成本的比重会较大,反之亦然。

(二)变动成本

变动成本,是指在一定时期和一定业务量范围内,成本总额随业务量的增减变动而成正比例变动的成本项目。

一般来说,企业生产成本中的直接材料、直接人工,制造费用中随业务量成正比例变动的间接材料、燃料及动力照明费、间接人工等,期间成本中按销量计算的销售人员佣金、装运费、包装费,服务性企业中随顾客人数而成正比例增减的物料用品费等都属于变动成本的范畴。

(三)混合成本

在实务中,往往有很多成本项目不能简单地将其归类于固定成本或变动成本,因为它们同时兼有固定成本和变动成本的特性,这类成本就称为混合成本。常见的混合成本有如下几种类型:

1.半变动成本

半变动成本由两部分组成:一部分是一个固定的基数,一般不变,类似于固定成本;另一部分是在此基数之上随着业务量的增长而增加的成本,类似于变动成本。例如,企业需要缴纳的大多数公用事业费，以及机器设备的维护保养费、销售人员的薪金等均属于半变动成本。这些费用中的一部分是基数，不管企业本期是否使用或是否有业务发生，都需要支付，表现出固定成本的性质；另一部分则根据企业耗用量或业务量来计算，表现出变动成本的性质。

2.半固定成本

通常情况下，半固定成本在一定的业务量范围内，其总额不随业务量的增减而变动。但当业务量超出相应的范围，成本总额便会发生跳跃式的变化，继而在新的业务量范围内保持相对稳定，直到业务量超出新的范围，成本总额出现新的跳跃为止。所以，半固定成本又被称为阶梯式成本。

3.延期变动成本

这类成本是指在一定业务量范围内成本总额不随业务量而变动，但当业务量超出这一范围后，成本总额将随业务量的变动而发生相应的增减变动的成本项目。例如，在企业支付加班费的情况下，企业的人工总成本就属于延期变动成本，因为企业在正常工作时间之内，对员工支付的薪金是固定不变的。

4.曲线变动成本

曲线变动成本通常也有一个不变的基数，相当于固定成本，在这个基数之上，成本虽然随着业务量的增加而增加，但两者之间并不像变动成本那样保持严格的同比例变动关系，而是非线性的曲线关系。

## 三、半变动成本的分解方法

### （一）高低点法

高低点法是历史成本法中最简便的一种分解方法。其基本做法是以某一期间内最高业务量（高点）的混合成本与最低业务量（低点）的混合成本的差数，除以最高与最低业务量的差数，以确定业务量的成本变量，进而确定混合成本中的变动成本部分和固定成本部分。混合成本混合了固定成本与变动成本，在一定的相关范围内，可以用 $y = a + bx$ 这样一个数学模型来近似地描述它。在这个相关范围内，如果固定成本不变，那么总成本随业务量的变动而产生的变量就全部为变动成本。高点和低点的选择，完全是出于尽可能覆盖相关范围的考虑。高低点法分解混合成本的运算过程如下：

$$\begin{cases} y_{高} = a + bx_{高} \\ y_{低} = a + bx_{低} \end{cases}$$

两式相减得 $y_{高} - y_{低} = b(x_{高} - x_{低})$，即：

$$b = \frac{y_{高} - y_{低}}{x_{高} - x_{低}}$$

再将 $b$ 代入高点（或低点）的混合成本模型：

$$y_{高} = a + bx_{高}$$
或
$$y_{低} = a + bx_{低}$$

求得：

$$a = y_{高} - bx_{高}$$
或
$$a = y_{低} - bx_{低}$$

从而确定 $y$ 与 $x$ 之间的线性关系。

运用高低点法分解混合成本应注意以下几个问题：

第一，高点和低点的业务量为该项混合成本相关范围的两个极点，超出这个范围则不一定适用所得出的数学模型。

第二，高低点法是以高点和低点的数据来描述成本性态的，其结果会带有一定的偶然性，这种偶然性会对未来成本的预计产生影响。

第三，当高点或低点业务量不止一个而成本又相异时，则只需要按高低点法的原理，属高点取成本大者，属低点取成本小者。

## （二）散布图法

散布图法的基本原理与高低点法一样，虽然也认为混合成本的形态可以被近似地描述为 $y=a+bx$，但是 $a$ 和 $b$ 是在坐标图上得到的。散布图法的基本做法就是在坐标图中，以横轴代表业务量，以纵轴代表混合成本，将各种业务量水平下的混合成本逐一标明在坐标图上，然后通过目测，在各成本点之间画出一条反映成本变动平均趋势的直线。

## （三）工作研究法

工作研究法，又被称为技术测定法、工程研究法。它是由工程技术人员通过某种技术法测定正常生产流程中，投入与产出之间的规律性的联系，以便逐项研究决定成本高低的每个因素，并在此基础上直接估算出固定成本和单位变动本的一种方法。采用该方法的关键在于准确地测定在一定生产技术和管理水平条件下，投入的成本与产出的数量之间有规律性联系的各种消耗量标准。如生产一定数量产品所需耗用的各种原材料、燃料的重量、机器小时、特定技术等级的人工小时等。将这些数量标准乘上相应的单位价格，便可得到各项标准成本。

很显然，工程研究法适用于任何从客观立场进行观察的投入—产出过程。除了直接材料、直接人工外，也可用于办公室、装运、仓库等非制造成本的测定。工程研究法不仅可以测定现有的生产程序，而且还可以详细地分析所有生产活动和辅助生产活动，以寻求改进工作的途径，找出最经济、最有效的程序和方法，使产品制造、工作效率和资源利用达到最优的效果。正因为工程研究法的主要优点在于确定理想的投入与产出的关系，所以企业在建立标准成本和制定预算时，使用工程研究法就具有较佳的科学性和先进性。

然而，工程研究法仍有一些不足之处，具体表现在工作研究所花费代价太高。因为进行技术测定分析，通常要耗用较多的人力、物力。由于其所依赖的投入与产出的关系只存在于生产过程中的直接消耗部分，因而对于不能直接把成本归属于特定的投入与产出关系的，或者不能单独进行观察的联合过程，如各种间接成本，就不能使用这种方法。

## （四）账户分类法

账户分类法是根据各有关成本账户（包括明细账）的内容，结合其与产量的依存关系，判断其比较接近哪一类成本，就视其为哪一类成本。这种方法根据某项半变动成本的主要成本性态，观察其比较接近于哪一类成本，如比较接近固定成本则划入固定成本，如比较接近变动成本则划入变动成本。这种方法由于受主观意图影响较大，因此可信度较低。企业的间接材料费（如燃料费等），虽然不与产量成正比例变动，但费用的发生与产量的关系比较大，就可视其为变动成本。

该方法具有简便易行的显著优点。因为其计算结果不像其他方法那样抽象，所以可以具体了解固定成本、变动成本包括的项目。如果实际总成本发生超支，那么可据此进一步查明原因。但由于使用这一方法，需要分析人员做出一定的主观判断，因而它不可避免地带有以下局限性：

首先，该方法在确定成本性态时，仅仅依赖于某一产量水平下的一次观测值，无法反映成本随着产量变动的波动情况。因而，据此进行的成本分解不一定能符合客观实际情况。

其次，该方法在很大程度上取决于对其账户成本性态的主观判断。

克服上述弊端的最好方法就是联系多种产量水平进行成本性态分析。

### （五）合同认定法

合同认定法，就是把合同规定的计价作为半变动成本。把不论业务量多少都按需支付的金额划为固定成本；而把按业务量多少计价的部分划为变动成本。该方法不同于上述几种方法之处在于，它是根据企业与供应单位签订的各种合同、契约，以及企业内部既定的各种管理和核算制度中所明确规定的计费方法，分别确认哪些费用属于固定成本，哪些费用属于变动成本。其账单上的基数即为固定成本，而按耗用量多少计价部分则属于变动成本。在没有历史成本数据下，可应用这种方法。

### （六）五五归类法

如果某成本项目的成本形态不太明显，确认比较困难，为简化核算，可将一半划为固定成本，一半划为变动成本，这种方法为五五归类法。

上述各种成本分解方法，虽然各有其优缺点及适应性，但它们并非孤立存在的，在实际应用中常常互相补充，互相印证。如果半变动成本分解为固定成本和变动成本，企业的全部成本就都可以划分为固定成本和变动成本两大类，那么整个企业的总成本就可表示为 $y = a+bx$，这里的 $a$ 就是整个企业的固定成本，$b$ 就是整个企业的单位变动成本。

# 第三节 财务成本控制的作用、原则及内容

## 一、财务成本控制的四大作用

财务成本控制以实现最佳财务成本目标，提高经济效益为直接目的，运用现代信息科学的基本原理，对企业生产经营过程中发生的资金运动及其结果进行全员、全过程、全方位的控制。因而，财务成本控制可以促使企业用较少的物质消耗和劳动消耗取得较大的经济效果，保证企业经营目标的实现；可以监督企业遵守国家财经制度，保证国家宏观调控的顺利进行，进而促进社会资源的合理配置和社会分配的公平和效率；可以协调企业各个岗位的工作和各有关利益集团的冲突，促使各职能部门为实现整体统一目标而共同奋斗。具体来说，财务成本控制具有保证、促进、监督和协调的四大作用。

### （一）保证作用

一个企业往往根据国民经济发展规划、国家经济政策、企业可以运用的经济资源，以及企业本身的生产经营能力和职工生活水平预计提高的幅度来确定自己的经营目标。其中很重要的一个方面便是企业当年要实现的经济效益指标，对此可以将指标进行各种分解，落实到具体的项目上，如利润指标可以分解成销售收入、成本、费用和流转税指标等。显然，在销售收入不变或销售状况出现不利的情况下，如数或超额完成成本费用指标往往起着决定性的作用。

财务成本控制可以从空间上、时间上对企业发生的各种成本费用进行监督、调控，发现偏差及时揭示，并采取有效措施纠正不利差异，发展有利差异，使实际成本费用被限制在预定的目标范围之内，保证预定成本费用目标完成或超额完成，进而保证企业经营目标的实现。

### （二）促进作用

财务成本控制是运用系统工程的原理对企业在生产经营过程中发生的各种耗费进行计算、调节和监督的过程，同时也是一个发现薄弱环节，挖掘内部潜力，寻找一切可

能降低成本途径的过程。科学组织、实施财务成本控制，可以促进企业改善经营管理，转变经营机制，全面提高自身素质，增强企业的"造血"功能，使企业在市场竞争的严酷环境中自我生存、发展和壮大。因而，财务成本控制具有促进的作用。

### （三）监督作用

财务成本控制是一个全员、全过程、全方位的系统控制过程。它要求将企业发生的一切耗费时时刻刻置于当事人的监控之下，同时，灵敏的财务成本资料信息反馈系统可以将一切浪费行为、违法乱纪行为迅速反馈给主管人员，以便主管人员采取措施，将一切浪费、违法行为消灭在萌芽状态。因而，财务成本控制系统可以通过健全的内部结构将企业对国家财经法规的遵守情况置于直接的监督之下，保证国家财经法规的贯彻与执行，为国家宏观调控的顺利进行提供信息保障和纪律保障。

### （四）协调作用

财务成本控制涉及方方面面的利害冲突，因为财务成本控制的好坏、成本的高低直接影响着各利益集团利益的高低，而物质利益协调的好坏，反过来直接影响到财务成本控制工作能否顺利进行。就企业内部而言，财务成本目标受到种种主客观因素影响，往往很难分解得十分合理、公平，所以在具体的财务成本控制实施过程中往往会出现苦乐不均，甚至是鞭打快牛的现象，其结果不是利益分配不公，就是挫伤各职能部门在财务成本控制上的积极性，使企业整体利益受到损害。作为以系统论为其基础理论之一的财务成本控制系统，其核心观点是要求协调各分系统、子系统的行动，为整体目标服务，通过财务成本信息的反馈，协商和调整局部之间的不协调之处。因此，财务成本控制可协调各利益集团的冲突，达到各分系统、子系统的协调统一。

## 二、财务成本控制的基本原则

财务成本控制基本原则是对财务成本控制实务工作经验的总结，是可以指导财务成本控制实践的基本规范。

## （一）全面控制和重点控制相结合的原则

这是针对财务成本控制的空间范围而言的，即要求财务成本控制做到点面结合，点和面的统筹兼顾，既不能不分主次，眉毛胡子一把抓，又不能只见树木，不见森林。

首先，在财务成本控制中，要对财务成本进行全面控制，不能只考虑某个方面，也就是说，要求人人、处处、事事都要进行财务成本控制。这是因为财务成本是一个综合性的价值指标，涉及面广，综合性强，若不全面考虑，很难适应控制的要求。全面控制分为两部分：一是全员的控制，即人人都要参加财务成本控制，从厂部、车间领导到管理部门，每个职工都要参加成本控制，凡是企业中同财务成本活动有关的单位和职工，都要按照财务成本控制指标严格把关。二是全要素的控制，即对财务成本的所有要素，包括资金流量、成本费用、收入、利润等都要加以控制。

其次，在财务成本控制中要有所选择、有所侧重，在全面控制的基础上，对重要的财务成本构成项目、内容要详细地控制；而对于一般的、不太重要的财务项目，可以进行合并控制，施加粗线条的管理。无论什么企业、单位、岗位，其人力、物力、财力和精力总是有限的，如果不会选择重点，只能是抓了芝麻，丢了西瓜，好像都抓了，结果什么都没抓好，最终导致整个财务成本控制工作的全面失败。这是唯物辩证法中矛盾论、两点论与重点论的思想在财务成本控制中的具体运用。

## （二）日常控制和定期控制相结合的原则

企业的生产经营活动是连续不断进行的，因此企业的财务成本活动也每时每刻都在发生。从时间范围的角度出发，控制财务成本需要在企业生产经营活动的过程之中进行，即加强日常控制。日常控制应紧密结合企业生产经营的实际情况进行，一旦发现偏差，须及时纠正，将损失浪费的苗头消灭在萌芽状态之中。只有这样，财务成本控制才有切实的保障。但是，前已述及，人们的财力、物力、精力总是有限的，过细过多的财务成本监控往往会花费许多不必要的时间和精力，造成经济上、精神上的得不偿失，不符合成本—效益原则。

定期控制侧重于期末的盘点控制与定期检查，可以节省人力、物力，但往往不能揭示损失、浪费、贪污、盗窃等情况；而日常控制侧重于平时的即时控制，但工作量较大，因此必须很好地将两者结合起来。

## （三）定性控制和定量控制相结合的原则

财务成本的定性控制也就是从质的规定性上对财务成本进行控制，即从大的方面把握企业成本的开支范围是否符合国家的财务制度，费用项目列支是否符合行业财务制度的规定，日常的财务成本活动是否有章可循，成本的节约与浪费是否奖罚分明。财务成本的定性控制通常是由财务成本控制的监督职能完成的，财务成本监督实际上也就是对财务成本的质的控制，这种定性控制是通过账务监督、制度监督和群众监督等方式完成的。财务成本的定性控制只能保证开支范围符合有关法规规定和财务成本目标范围的要求，不能保证其开支大小也符合有关标准、要求，而定量控制则相反。因此，任何单独的定性控制或定量控制都不能控制财务成本，使其达到预定要求。

## （四）专业控制和群众控制相结合的原则

要搞好财务成本控制，必须把专业控制和群众控制很好地结合起来。专业控制是指企业的财务成本控制工作要由专业部门来组织，财务成本控制的方法和手段要由专业部门来拟定，财务成本控制中发生了问题，要由专业部门来帮助解决。所以，没有专业控制，财务成本控制就会放任自流，不能形成一个系统。此外，财务成本控制又是一项群众性工作，广大职工在生产第一线，最了解生产经营实际情况，最关心自己的劳动成果。因此，依靠群众参加控制，就能使控制具有广泛的群众基础，就能更好地激发广大职工的积极性、主动性和创造性，自觉地把财务成本控制好。

## （五）责权利相结合的原则

责权利是"责任、权力、利益"的简称。它指的是在特定职务或岗位上，个人或组织应当承担的责任、所拥有的权力，以及所获得的利益。这三个要素相辅相成、相互制约、相互作用，形成一种动态平衡的关系。财务成本控制是加强经济核算，落实、巩固经济责任制的重要手段，所以必须贯彻责权利相结合的原则。具体来看，"责"是要完成财务成本控制指标的责任；"权"是责任承担者为了完成财务成本控制指标，对必须采取的措施所应具有的权限，即实施控制的权力；"利"是根据财务成本控制指标完成的好坏给予责任承担者的奖惩项目。

在财务成本控制中，有责就应该有权，不然就不能完成所分担的责任；有责还应该有利，才具有推动责任承担者努力履行职责的动力。要对各个单位在财务成本控制中所承担的责任进行严格考核，调动他们在财务成本控制中的积极性和主动性。总之，财务成本控制必须有权，否则就控制无力；除了控制还应明确职责，否则就无人负责；同时，还要结合奖励，做到赏罚严明，促使财务成本控制工作做得更好。

除上述介绍的几种原则以外，在财务成本控制中，还要注意物质鼓励和精神鼓励相结合原则的运用。物质鼓励和精神鼓励都是企业经营激励机制，两者互相结合，但不可相互取代。物质鼓励是物质利益原则在企业管理中的具体体现。精神鼓励是一种荣誉鼓励，是对职工心理需求的满足，同样起着激励作用，往往更能调动职工的积极性。片面强调物质鼓励，忽视精神鼓励，会削弱物质鼓励对促进生产发展的作用；反之，如果片面强调精神鼓励，忽视职工现实的物质利益，就会挫伤职工的积极性。

## 三、财务成本控制的内容

（一）资金控制

资金控制主要包括流动资金控制、固定资产投资控制、资金来源和结构控制三个方面。其中，流动资金控制的主要内容有存货控制、现金控制、应收账款控制等。固定资产投资控制包括投资项目可行性研究、固定资产投资方案评价、投资决策及其控制。资金来源和结构控制，主要包括合理确定资金的需要量，控制资金投放的时间；周密研究投资的方向，大力提高投资效果；认真选择资金筹集的来源渠道和方式，力求降低资金成本；适当安排自有资金比例，正确运用举债经营。

（二）成本费用控制

成本费用控制是财务成本控制的核心内容，控制的效果直接决定着整个财务成本控制工程能否成功。成本费用贯穿企业生产经营活动的全过程，因此，凡是有成本费用发生的地方就应该实施成本控制。要实施成本费用控制，就应研究成本费用控制的程序、方法和手段，然后运用其基本的控制原理对具体的成本费用项目进行控制。

（三）收入控制

收入主要是指企业销售产品和提供劳务所取得的现金或现金等价物流入量。销售收入是由销售价格和销售数量两部分共同形成的，因此对销售收入进行控制，主要是对销售价格和销售数量进行控制，包括工业品价格预测、商品价格预测，以及各种情况下的商品销售量预测和对销售货款的控制。其中，对销售货款的控制具有十分重要的意义，主要采取责任控制、合同控制和货款回收控制等具体措施来实现。

（四）利润控制

利润是企业销售收入与各种成本费用直接配比的结果，是最能体现财务成本控制成绩的财务成果指标。对利润实施控制，可以巩固财务成本控制的最终成果，可以考核各财务成本控制中心的业绩，可以分析影响企业利润升降的具体原因，有针对性地采取措施，巩固成绩，克服薄弱环节，挖掘潜力，为进一步提高企业经济效益奠定基础。利润控制的主要内容有：目标利润和资金利润率的确定和分解，利用量本利分析法和营业杠杆系数对利润进行控制，建立健全利润控制的责任制度等。

# 第四节 财务成本控制的方法

方法是完成任务、解决问题的基本手段和途径，做任何工作、研究任何问题都应首先重视方法的研究。科学合理的方法，可以在解决问题中收到事半功倍的效果，财务成本控制也是如此。财务成本控制是一个复杂的系统工程，实施财务成本控制工程，研究、解决财务成本控制中的实际问题，仅靠某一种方法是行不通的，而是需要多种方法的综合运用。

## 一、制度控制法

没有规矩不成方圆。制度是做任何实际工作、解决任何实际问题的准绳。财务成本控制涉及多方面的利益，是经济利益冲突的焦点，更需要有规章制度去约束，去规范。

制度控制法是通过制定企业财务成本活动规范而进行控制的一种方法。这就要求企业以国家的法令、政策，以及有关部门和企业所制定的制度为标准，监控企业的财务成本活动。为避免执行不适当的制度而给企业带来消极的影响，除国家法规性制度之外，企业在制定内部财务成本制度时，应注意制度本身的实效性。制度控制法在实际应用中比较简便，凡是涉及制度控制范畴内的财务活动都要按时办理，这给企业处理日常财务活动提供了固定性依据，是企业财务成本控制中的主要方法之一。

## 二、定额控制法

定额控制法是通过制定定额，并以定额为依据，制约企业的财务成本活动，监督并调节实际与定额之间的差异，分析产生差异的原因，及时矫正偏差的方法。因为定额本身就是控制的标准，所以它也带有强制性。

定额控制法是财务成本控制中普遍应用的方法之一，按定额控制的内容可分为资金定额、费用定额、开支定额、物料消耗定额等。定额控制是通过定额指标与发生指标之间的对比，揭示将要发生的财务成本活动与规定标准的差异，从而避免差异，或者将不能避免的差异通过信息反馈，传达到企业决策机构，以迅速做出调节企业财务成本活动的指令，保证企业经济活动的有效正常进行。

## 三、计划控制法

计划控制法，也被称为预算控制法，即通过编制计划（预算）来确定计划期的控制目标，并规定为达到计划指标而需要通过的途径，以及采取的步骤和措施。由于计划（预算）是有一个执行期间的，在计划（预算）的执行期内，企业要按计划（预算）所规定的时间顺序，分阶段地实行监控。

在实行计划控制的过程中，根据计划指标本身的特点，可分别采用固定程序控制和弹性程序控制两种方式。固定程序控制是指确定控制目标，并按该目标决定企业财务成本行为的程序。弹性程序控制与固定程序控制不同，弹性程序控制要在既定的控制过程中，随时接收受控环节所反馈的信息，以补充和调整原定的控制程序，并根据需要改变原先的计划指标。弹性程序控制方式适用于存在不可预料因素的财务成本活动。

## 四、目标控制法

目标控制法,就是通过制定最终目标而进行控制的一种方法。目标控制与计划控制法的区别在于:计划控制既包括最终要达到的控制目标,也包括为达到最终目标所需要通过的途径和采取的具体措施;而目标控制只规定一定范围内的最终目标,并不预先规定要通过的途径和采取的措施。因此,目标控制法具有很大的灵活性。在企业竞争激烈、市场变化难以预测的情况下,目标控制法可以发挥企业管理人员的主动性和应变能力。

## 五、责任控制法

从广义的角度看,责任控制法就是通过建立各种经济责任制,划分各级责任层次,将所要控制的责任目标层层分解,形成各个部门、岗位、个人的责任目标,以责任的内在运行机制进行调节,使各个责任中心变外在压力为内在动力,自觉地控制责任目标的完成,以达到责任目标控制的最终目的。从狭义的财务成本控制角度看,责任控制法就是通过建立财务成本控制责任制,明确财务成本控制体系中各个岗位的职责,按照分工负责的原则,确定具体的目标,明确每一名职工在财务成本控制过程中的经济职责,并以此作为经济责任制的一项重要内容,定期进行核算、反馈和考核,来进行财务成本责任控制的一种方法。

### (一)划分责任中心

责任中心是财务成本控制责任的承担者和履行者,也是实施责任控制的主体。划分责任中心是实施财务成本责任控制的基本前提。可控和合理负担是划分责任中心的基本原则,责任中心的划分要有利于责任的落实、监控和考核。

财务成本责任中心一般可划分为三种类型:组织控制责任单位、控制并执行责任单位和执行责任单位。

### (二)归集、分配财务成本责任

归集、分配责任是运用责任控制法控制财务成本的关键环节。在实际财务成本活动发生的过程中，以责任中心为对象，运用责任会计的一套专门方法归集、分配所发生的资金、收入、成本、费用和利润，形成责任中心的财务成本责任。

（三）编制业绩报告，严格进行考核

通过责任会计制度核算出各责任中心的财务成本责任，分别划分责任中心，按责任项目列表报告出来，供有关部门了解、掌握责任制度的遵守情况、各责任中心的责任履行情况，据此分析财务成本控制方面的有利因素和不利因素，挖掘潜力，决定财务成本控制方面的奖惩。它是责任控制法的最后一个程序，所以最高管理部门应得到汇总后的全部报告，而不是各个下属部门的可控责任具体报告。业绩报告不能纠正过去的错误，但对弄清过失、调查原因、防止重犯、总结经验则很有帮助。

## 六、内部控制法

内部控制法就是根据内部控制的一系列措施、程序和步骤，通过其内在相互制约的机制，对企业生产经营活动的各个方面施以控制，确保企业的各种经营管理活动在预定的轨道上运行，达到预定生产经营目标的一种管理方法。

（一）内部控制法的运行要素

内部控制法要想有效地发挥作用，需要其内部构成要素的相互配合、相互协调，综合运行结构合理的构成要素，才能够发挥协调性的效果。内部控制法的运行要素有很多，其中最主要的是控制环境、会计体系和控制程序。

1.控制环境

控制环境是指各种内部控制制度运行的环境，控制环境主要包括以下五个方面：

（1）企业管理人员的经营管理风范

例如，最高管理层的经营风险意识及方针、策略，对会计信息资料的重视程度及运用能力，各级管理人员对各类经营目标的重视程度和工作方法等，都是企业管理人员的经营管理风范的具体表现。

（2）企业的组织结构

企业的组织结构是对企业经营进行计划、指挥和控制的组织基础，其核心问题是进行合理的职责分工。

第一,经济业务处理的分工。即一项经济业务的全部过程不应由一个人或一个部门单独处理。若每项经济业务都有两个或两个以上的部门参与,则其中一个部门的工作就可由另一个部门加以复核。

第二,资产记录与保管的分工。实行这种分工,以保护资产的安全完整。

第三,各职能部门具有相对独立性。

(3)内部审计机构

设立内部审计机构是强化内部控制的一项基本措施,能够发挥内部审计机构及其人员的作用。内部审计工作的职责不仅包括审核会计账目,还应包括稽查、评价内部控制制度,保障企业内部各组织机构执行指定职能,并向企业最高管理部门报告。

(4)用人政策

无论内部控制制度设计得如何完善,若没有称职的人员来执行,也不能充分发挥其作用。企业的用人政策直接影响着企业能否吸收有较高能力的人员来完成企业目标,也直接影响着企业内部控制的有效性。

(5)其他影响企业经营活动的外部因素

其他影响企业经营活动的外部因素,如国家法律法规的修订,产业政策的调整等。

## 2.会计体系

完善的内部控制,不仅要有合理的组织机构,还必须有健全的会计体系。健全的会计体系包括以下几个方面:

(1)可靠的内部凭证制度

要做好企业各部门、各单位经营活动的记录工作,首先要设计一套有利于完善内部控制的凭证。内部凭证的基本要求是种类齐全、内容完整、连续编号。种类齐全是指企业的一切经营活动都需要通过一定的凭证来加以反映,不应使某一经营活动处于凭证的监督控制之外。内容完整是指在具体设计各类凭证式样时,不仅要使凭证能够全面反映特定经济业务的情况,还要能够反映出几个部门共同处理一项经济业务的情况。连续编号可对已发出凭证的号码进行控制。支票、销货发票、订购单、股票等许多商业凭证都可用此种方法加以控制。

(2)完善的簿记制度

完善的簿记制度是指在可靠的内部凭证制度基础上,建立完整的账簿和报表,确保会计记录的严密性。

（3）严格的核对制度

核对制度包括凭证之间的核对、凭证和账簿之间的核对、账簿之间的核对、账簿和报表之间的核对等，建立严格的核对制度有利于及时发现并改正会计记录中的错误，做到证、账、表三者相符。

（4）合理的会计政策和会计程序

在高度集中的计划经济体制下，企业无自己的会计政策和会计程序，但在建立社会主义市场经济体制和深化会计改革过程中，企业应在遵守国家制定的会计准则的基础上，从本单位会计工作的实际出发，建立符合自身情况的、合理的会计政策和会计程序。

（5）科学的预算制度

预算是对未来经济活动、财务状况、经营成果的定量性计划。为了使预算建立在对未来的科学预测基础之上，并尽可能地与实际相符，企业需要对未来业务做出全面的预测。

**3.控制程序**

控制程序是除控制环境和会计体系以外，管理部门建立的用以实现其特定控制目的的各项程序。各类企业都建立有许多这样的控制程序，其主要内容如下：

（1）职责的恰当分离

对于交易活动的批准、交易活动的主办、交易活动的记录和资产的保管等，需要指定不同的人分别负责。

（2）恰当的审批手续

交易业务都必须经过授权、审批，才能达到令人满意的内部控制效果。

（3）设计并使用适当的凭证和记录

凭证的功能，是在企业内部和企业之间传递信息，凭证的设计和使用必须能保证全部资产已得到恰当控制，全部交易业务已得到正确记录。

（4）资产和记录的保管制度

保护资产和记录安全的最重要措施就是采取实物防护措施。凭证和记录也需要进行实物安全保护，重新建立丢失的或损坏的记录和凭证，代价极其昂贵，所以妥善保管凭证和记录是极为重要的。

（5）业务的独立检查

业务的独立检查是最后一道控制程序，是对上述内容进行全面、经常的复核。包括记账的审查、编制调节表、资产与会计记录的核对，以及管理部门对明细账汇总报告的复核等。

### （二）内部控制法的基本特点

**1. 综合性**

内部控制系统几乎包括了企业生产经营活动的各个方面，因而内部控制涉及的内容多，牵涉面广，具有综合性的特征。内部控制法所运用的措施、步骤和程序并没有一个固定的格式，需视内部控制法所针对的具体生产经营活动而定，即内部控制法作为一个系统性的方法所运用的具体方法很多，从这个意义上说，内部控制法是一个根本性的控制方法。

**2. 制衡性**

内部控制法的制衡性特征，是指内部控制法主要依靠内部控制制度自动地发挥相互制约、相互监督的功能，对企业的生产经营活动进行监控的特征。

### （三）内部控制法的作用及局限性

内部控制法的最大优点就是可以提高企业组织机构的经营效率。具体来说，内部控制法的主要作用体现在：保护企业资金的安全、完整与有效运用；提高经济核算（包括会计核算、统计核算和业务核算）的正确性与可靠性；推动和考核企业管理部门各项方针、政策的贯彻施行；评价企业经营绩效，提高企业管理水平。

尽管内部控制法在提高企业经营效率方面有很大的促进作用，但还应认识到内部控制法本身固有的局限性，以便更好地发挥内部控制法的作用。其局限性主要表现在以下几个方面：

第一，企业管理部门施行内部控制要考虑成本—效益原则。

第二，内部控制法所采取的措施，一般都是针对那些有可能经常发生的事项而设置的，不适用于那些非经常性发生的事项。

第三，即使很有效的内部控制制度，也可能因执行人员的错误理解、粗心大意或其他人为因素而失灵。

第四，一旦负有不同职责的职员共谋舞弊，就会使内部控制失去其有效性。

第五，如果企业管理部门的负责人滥用职权，对设置或实施的内部控制置之不理，就会使内部控制形同虚设。

第六，企业情况已发生变化，使得以前设置或实施的内部控制不再适用。

# 第五章 财务成本控制技术分析

## 第一节 变动成本法与完全成本法

### 一、变动成本法

#### （一）变动成本法的含义

变动成本法，又被称为直线成本法。变动成本法在计算产品成本时，只包括产品生产过程直接消耗的直接材料、直接人工和变动性制造费用，而不包括固定成本。随着企业经营环境的改变、竞争的加剧，人们意识到传统的成本计算越来越难以满足企业内部管理的需要，所以变动成本法应运而生。

变动成本法是指在组织常规的产品成本计算过程中，以成本性态分析为前提，将变动生产成本作为产品成本的构成内容，将固定生产成本及非生产成本作为期间成本，按贡献式损益确定程序计量损益的一种成本计算模式。

#### （二）变动成本法的特点

1. 变动成本法的优点

（1）能提供有效的管理信息，强化企业的经营管理

变动成本法所提供的变动生产成本和边际贡献资料，对企业的经营管理最为有用。因为它们揭示了业务量与成本变化的内在规律，找出了生产、销售、成本和利润之间的依存关系，提供了各种产品盈利能力等重要信息。

（2）促使管理部门重视销售环节，防止盲目生产

采用变动成本法，不仅可以排除产量变动对单位产品成本的影响，还便于分析企业的利润指标。

（3）可以简化产品成本计算

采用变动成本法，把固定性制造费用列作期间成本，从边际贡献中扣除，这样不仅简化产品成本计算中的费用分摊工作，而且可以减少成本计算中的主观随意性。

（4）便于分清各部门的经济责任，有利于进行成本控制与业绩评价

变动成本法是以成本性态分析为基础，它所提供的成本资料，对于加强成本控制和科学地进行成本分析有以下几方面的优越性：

第一，可以把由产量变动所引起的成本升降，同由成本控制工作的好坏而造成的成本升降清楚地区分开来。成本升降的原因很多，为了正确地考核生产部门和供应部门的业绩，可以应用变动成本法。

第二，便于成本责任的归属和业绩评价。

### 2.变动成本法的局限性

（1）采用变动成本法会影响有关方面的利益

由于采用变动成本法时，一般要降低期末存货的计价，因而也就会减少企业当期的利润，从而会暂时减少国家的税收收入和投资者的股利收益，影响有关方面及时取得收益。

（2）变动成本法不能适应长期决策的需要

长期决策要解决的是增加或减少生产能力，以及扩大或缩小经营规模的问题。从长期看，固定成本不可能不发生变化。因此，变动成本法提供的资料不能适应长期决策的需要，只能对短期决策提供资料。

（3）变动成本法不符合传统的成本概念的要求

按照传统的观念，产品成本应包括变动成本和固定成本，而变动成本法在产品成本的构成上与传统的成本计算方法相违背。因此，变动成本法不符合传统的成本概念的要求。

（4）变动成本法不便于定价决策

在进行产品定价决策时，既应考虑变动成本，也应考虑固定成本，它们都应该得到补偿。但由于变动成本法所确定的产品成本只包括变动生产成本，不包括固定性制造费用，因而产品成本不能反映产品生产的全部消耗，不能直接据此进行定价决策。

### （三）变动成本法的作用

第一，能提供每种产品的盈利能力资料。

每种产品的盈利能力资料，是管理会计要提供的重要管理信息之一。因为在利润的规划和经营管理中，许多重要的决策都要以每种产品的盈利能力作为考虑的重要依据。每种产品的盈利能力可通过其"贡献毛益"来综合表现。贡献毛益是指产品的销售收入扣减其变动成本之后的余额。所以，各种产品的贡献毛益正是其盈利能力的表现，也是它对企业最终利润所做贡献大小的重要标志。而产品贡献的确定，又有赖于变动成本的计算。

第二，可为正确地制定经营决策及进行成本的计划和控制，提供许多有价值的资料。

以贡献毛益分析为基础，进行盈亏临界点和量本利分析，有助于揭示产量与成本变动的内在规律，找出生产、销售、成本与利润之间的依存关系，并用于预测前景、规划未来（如规划目标成本、目标利润及编制弹性预算等）。同时，这些资料也有利于正确地制定短期经营决策。因为就短期而言，企业现有的生产能力已经形成，在短期内很难改变。

第三，便于与标准成本、弹性预算和责任会计等直接结合。

变动成本法在计划和日常控制的各个环节发挥重要作用。变动成本与固定成本具有不同的成本性态，可通过制定标准成本和建立弹性预算，对变动成本进行日常控制。在一般情况下，变动成本的高低，可反映出生产部门与供应部门的工作业绩。

## 二、完全成本法

### （一）完全成本法的含义

完全成本法，也被称为全部成本法、归纳成本法或吸收成本法，是将一定时期内为生产一定数量的产品而耗用的所有直接材料、直接人工和全部制造费用（包括变动制造费用和固定制造费用），都计入产品生产成本中去的一种成本计算方法。

### （二）完全成本法的特点

完全成本法是在事后将间接成本分配给各产品，反映了生产产品发生的全部耗费，确定了产品的实际成本和损益，满足对外提供报表的需要。由于它提供的成本信息，可以揭示被外界公认的成本与产品在质的方面的归属关系，有助于扩大生产，刺激生产者的积极性，因而广泛地被外界所接受。

完全成本法有如下缺点：

第一，完全成本法下的单位产品成本，不仅不能反映生产部门的真实业绩，而且会掩盖或扩大其生产实绩。

第二，采用完全成本法所确定的分期损益，其结果往往难于为管理部门所理解。有时尽管每年的销售量、销售单价、成本消耗水平等均无变动，但只要产量不同，其单位产品成本和分期营业净利润就会有很大差别，这是令人费解的。有时销售量尽管远远超过往年，销售单价和成本消耗水平等均无变动，但只要期末存货比往年减少，就会出现营业净利润较往年减少的情况，这也让管理部门难以理解。

第三，采用完全成本法，由于销售成本未按成本性态将变动成本和固定成本分开，因而在预测分析、决策分析和编制弹性预算时就很不方便。对于固定性制造费用，往往需要经过繁复的分配手续，而且受会计主管人员主观判断的影响。

## 三、两种成本计算方法的差异

### （一）两种成本计算的利润出现差额的根本原因

即使前后期成本水平、价格和存货计价方法等都不变，两种成本计算的分期营业净利润可能相等，也可能有差异；两种成本计算的营业净利润差额的变化并非取决于产销之间的平衡关系。需要说明的是当产量不变，或销量不变时，如在产大于销时，完全成本计算的营业净利润大于变动成本计算的结果；反之，产小于销时，完全成本计算却小于变动成本计算的结果。

通过对两种成本计算中成本流程，以及营业净利润的计算公式的比较分析，可以发现：销售收入在两种成本计算中，计算及结果完全相同，不会导致两者间营业净利润出现不相等。尽管两种成本计算对非生产成本计入损益表的位置和补偿途径不同，但实质相同，都是将其作为期间成本，在当期收入中全部扣除，因此，不会导致两种成本计算的营业净利润出现差额。固定性制造费用在两种成本计算中处理方式不同，这是两种成本计算的直接区别。完全成本计算将固定性制造费用分配计入产品成本，随产品实体的流转而流转。而变动成本计算将其作为期间成本的一部分,直接计入当期损益。这将导致两种成本计算的分期营业净利润可能会出现不同。

两种成本计算的分期营业净利润出现差额,其根本原因在于两种成本计算计入当期损益的固定性制造费用水平不同。因为在变动成本计算中,计入当期损益的是当期发生的全部固定性制造费用;而在完全成本计算中,计入当期损益的固定性制造费用数额,不仅受到当期发生的全部固定性制造费用水平的影响,还要受到期初存货和期末存货的影响。

在其他条件不变的情况下,只要某期完全成本计算中期末存货吸收的固定性制造费用,与期初存货释放的固定性制造费用的水平不同,就意味着两种成本计算计入当期损益的固定性制造费用的数额不同,结果必然会使两种成本计算的当期营业净利润不相等。如果某期完全成本计算中,期末存货吸收的固定性制造费用与期初存货释放的固定性制造费用的数额相等,就意味着两种成本计算计入当期损益的固定性制造费用数额相同,即当期发生的制造费用数额相等,那么两种成本计算下的当期营业净利润必然相等。

## (二)两种成本计算的利润差额的变化规律

若完全成本计算期末存货吸收的固定性制造费用等于期初存货释放的固定性制造费用,则两种成本计算确定的营业净利润必然相等,其差额等于零。若完全成本计算期末存货吸收的固定性制造费用小于期初存货释放的固定性制造费用,则两种成本计算确定的营业净利润差额必然小于零,即按完全成本计算确定的营业净利润一定小于按变动成本计算确定的营业净利润。对上面反映两种成本计算分期营业净利润出现差额根本原因的公式进行整理,即可得下式:

两种成本计算当期营业利润差额=完全成本计算期末存货的单位固定性制造费用×期末存货量-完全成本计算期初存货的单位固定性制造费用×期初存货量

用完全成本计算期末及期初存货量,以及它们各自单位产品所包含的固定性制造费用这四项因素,来计算两种成本计算的分期营业净利润的差额,这就是差额的简单算法。利用简单算法公式,有助于了解产销平衡关系与营业净利润差额之间的联系,具体如下:

第一,当期末存货量不为零,而期初存货量为零时,完全成本计算确定的营业净利润大于变动成本计算确定的营业净利润。此时，期初存货释放的固定性制造费用为零，期末存货吸收的固定性制造费用大于零。后者大于前者，所以，完全成本计算与变动成本计算确定的营业净利润差额大于零。

第二，当期末存货量为零，而期初存货量不为零时，完全成本计算确定的营业净利润小于变动成本计算确定的营业净利润。此时，期初存货释放的固定性制造费用大于零，期末存货吸收的固定性制造费用为零。前者大于后者，所以，完全成本计算与变动成本计算确定的营业净利润差额就会小于零。

第三，当期末存货量和期初存货量均为零，即产销绝对平衡时，两种成本计算确定的营业净利润相等。此时，期初、期末存货中均未含任何成本，亦即所含固定性制造费用也为零，因此，两种成本计算的营业净利润必然相等。

第四，当期末存货量和期初存货量均不为零，而且其单位产品所包含的固定性制造费用相等时，两种成本计算所确定的营业净利润之间的关系取决于当期的产销平衡关系。当期末存货量和期初存货量相等时，完全成本计算的期初存货释放至当期的固定性制造费用数额，与期末存货吸收至下期的数额相等。两种成本计算确定的营业净利润相等。当期末存货量小于期初存货量时，完全成本计算的期末存货吸收至下期的固定性制造费用数额，小于期初存货释放至当期的数额，完全成本计算的营业净利润就小于变动成本计算的结果。

第五，当期末存货量和期初存货量均不为零，而且其单位产品所包含的固定性制造费用不相等时，两种成本计算的分期营业净利润差额与产销平衡关系并无规律性联系。其差额仍可按上述的简算公式进行计算。

## （三）两种成本计算的比较

变动成本法能为企业提供边际贡献及变动成本等诸多用于企业内部决策和控制的信息资料。两者大致有以下几方面的区别：

### 1.应用的前提不同

完全成本计算把全部成本按其经济用途分为生产成本和非生产成本。凡在生产环节为生产产品而发生的成本都归属于生产成本，最终计入产品成本；发生在流通领域和服务领域，为组织日常销售或进行日常行政管理而发生的成本则归属于非生产成本，作为期间成本处理。变动成本计算是以成本性态分析为基础，将全部成本划分为变动成本和固定成本两大部分。两种成本计算对固定性制造费用的处理是不同的。仅把销售费用及管理费用等非生产成本作为期间成本处理。

### 2.成本计算的不同

在变动成本计算中，固定性制造费用被作为期间成本直接计入损益表，无须再转化为销货成本和存货成本，销货成本和存货成本中只包括变动生产成本。采用完全成本计算时，将全部生产成本在已销产品和存货（库存产成品和在产品）之间进行分配，从而使一部分固定性制造费用被期末存货吸收并递延到下一会计期间，另一部分则作为销货成本的一部分被计入当期损益。

### 3.损益确定程序上的不同

完全成本计算以成本按经济用途分类为前提，首先用销售收入扣减已销产品的销货成本，计算出销售毛利，然后用销售毛利减去非生产成本，从而确定出营业净利润。变动成本计算以成本性态分类为前提，销售收入首先用来补偿变动成本，计算出边际贡献，然后再用以补偿固定成本，从而确定出营业净利润，将其称为"贡献式"损益确定程序。

## 第二节 分批成本法与分步成本法

### 一、分批成本法

#### （一）分批成本法的含义

分批成本法，又被称为成本计算订单法。它是以产品生产的批别或者客户的订单作为成本计算对象，并据此归集生产费用，计算各个批别产品的总成本及单位成本的一种成本计算方法。

在这一方法下，成本对象（或批别）的确定有两种方法：一是根据客户的订单直接分批组织生产；二是依据客户的订单并结合企业生产经营的具体情况，按照企业内部订单分批组织生产。

## （二）分批成本法的适用范围

分批成本法适用于小批生产和单件生产，如精密仪器、专用设备、重型机械和船舶的制造，某些特殊或精密铸件的熔铸，新产品的试制和机器设备的修理，以及辅助生产的工具、模具的制造等。每件产品或服务所要求的操作不同，确定一件产品或服务成本的最佳方法是按产品或批次归集成本。

在实际工作中，还采用一种按产品所用零件的批别来计算成本的零件分批法：先按零件生产的批别计算各批零件的成本，然后按照各批产品所消耗各种零件的成本，加上装配成本，计算该批产品的成本。这种方法的计算工作量较大，因而只能在自制零件不多或成本计算工作已经实现电算化的情况下才采用。

## （三）分批成本法的战略作用

分批成本法为管理者提供信息，以使管理者能够在产品和顾客、制造方法、价格决策及其他长期问题上进行战略选择。分批成本信息对企业具有战略重要性，原因有以下四点：

第一，企业是通过使用成本领先或产品差异战略来进行竞争的，如果企业采取成本领先战略，而间接费用又十分复杂，则传统的数量型分批成本法（比分步成本法和作业成本法都简单）不能提供很多帮助。

第二，有关分批成本法的重要战略问题和潜在伦理问题，涉及企业分配间接费用和摊派多分配或少分配间接费用的决策。

第三，分批成本法适合服务企业，特别是专业服务企业。追溯直接成本不是主要问题，分配间接费用也不复杂、困难。

第四，分批成本单可通过四个方面扩展成战略平衡记分卡，这四个方面是财务、顾客、内部经营过程、学习与成长。

# 二、分批成本法的计算过程

## （一）分批成本计算单

分批成本系统中最基本的支持文件是分批成本计算单。一份分批成本计算单记录和汇总了某一特定工作的直接材料、直接人工和工厂间接费用。当一项工作的制造或加工开始时，分批成本计算单就开始启动。分批成本计算单为所有的成本项目及管理者选择的其他详细数据提供了记录空间，它伴随着产品一起经过各个加工流程，并记录下所有的成本。

分批成本计算单上记录的所有成本都包含在产品控制账户中。产品控制账户中的次级账户是由工作成本单组成的，而这些分批成本计算单包括处理工作的当期之内或之前发生的制造成本。

因为每一项工作都有独立的分批成本计算单，一项已经开始且尚未结束的工作的成本单代表在产品存货控制账户的明细分类。当一项工作完成后，相应的成本单被归拢在代表已完工产品成本的一组成本计算单中。

### （二）分批成本法的步骤及程序

在开始生产时，会计部门应根据每一份订单或每一批产品生产通知单（内部订单），开设一张成本明细账（即产品成本计算单）。月末根据费用的原始凭证编制材料、工资等分配表，结算各辅助生产的成本，编制辅助生产费用分配表，加结各车间的制造费用和管理部门的管理费用明细账，算出总数，按照规定的分析方法，计入各有关的成本明细账。月末各车间要将订单在本车间发生的费用抄送会计部门进行核对。当某订单、生产通知单或某批产品完工，并检验合格后，应由车间填制完工通知单。会计部门收到车间送来的完工通知单，要检查该成本明细账及有关凭证，检查无误后，把成本明细账上已归集的成本费用加计总数，扣除退库的材料、半成品及废料价值，得到产成品的实际总成本，除以已完工数量就是产成品的单位成本。月末完工订单的成本明细账所归集的成本费用就是在产品成本。

## 三、简化分批法

为了避免任务繁重，在投产批数繁多且月末未完工批数较多的企业中，还采用一种简化的分批法，也就是不分批计算在产品成本的分批法。

## （一）简化分批法的含义

简化分批法，也称不分批计算在产品成本的分批法，或累计间接计入费用分批法。它是指每月发生的各项间接计入费用（一般指直接人工和制造费用）不是按月在各批产品之间进行分配，而是先分别累计起来，待有产品完工的月份，才分配各批完工产品应负担的各项间接计入费用，并计算出完工产品的总成本和单位成本的一种成本计算方法。在单件小批生产企业或车间中，同一月份内投产的产品批数有时特别多，可能多达几十批。在这种情况下，如果将各种间接计入费用在各批产品之间按月进行分配，其工作量极为繁重。因此，在投产批数繁多及月末未完工批数也较多的情况下，可采用简化分批法。

## （二）简化分批法的特点

### 1.企业必须设立基本生产成本二级账

从计算产品实际成本的角度来说，采用其他成本计算方法，可以不设立基本生产成本二级账，但采用简化分批法，必须设立基本生产成本二级账。其作用是按月提供企业或车间所发生的（包括直接计入费用和间接计入费用在内的）全部产品累计生产费用和生产工时资料；在有产品完工的月份，计算和登记全部产品累计间接计入费用分配率；根据完工产品累计生产工时和累计间接计入费用分配率，计算和登记完工产品应负担的累计间接计入费用，计算完工产品总成本；以全部产品累计生产费用减去本月完工产品总成本，计算和登记月末全部在产品总成本。

### 2.间接计入费用在有完工产品的月份才进行分配

采用简化分批法时，每月发生的间接计入费用不是按月在各批产品之间进行分配的，而是在基本生产成本二级账中累计起来，在有完工产品的月份才将累计间接计入费用在各批完工产品之间进行分配，计算完工产品成本。对未完工的在产品则不分配间接计入费用，只以总数反映在基本生产成本二级账中，即不分批计算在产品成本。因此，采用这种分批法，可以简化生产费用分配和记账的工作量。月末未完工产品的批次越多，核算工作就越简化。

### 3.利用累计间接计入费用分配率分配间接计入费用

间接计入费用的分配是利用基本生产成本二级账中累计的分配率进行的，采用这种方法，各批产品之间分配间接计入费用的工作，以及完工产品与月末在产品之间分配间接计入费用的工作,都是利用累计间接计入费用分配率,到产品完工时合并在一起进行的。各批产品之间分配间接计入费用(费用的横向分配),以及某批产品的完工产品与月末在产品之间分配间接计入费用(费用的纵向分配)的工作,都是利用累计间接计入费用分配率,到产品完工时合并在一起进行的。

4.将两次分配通过累计间接计入费用分配率一次进行

简化分批法与一般分批法在生产费用分配上的根本区别在于将两次分配(费用的横向分配和纵向分配)通过累计间接计入费用分配率一次进行。

### (三)简化分批法应设置的账簿及登记方法

1.按产品批别设置产品成本明细账

产品成本明细账除按成本项目设专栏外,还设生产工时专栏。与一般分批法不同的是,在产品完工之前,只登记各月所发生的直接材料费用和生产工时,不登记加工费用。待产品完工时再将基本生产成本二级账上所累计的各项加工费用,按照生产工时比例,在完工的各批产品和未完工产品之间进行分配,并将完工产品应负担的各项加工费用登记在各该产品成本明细账上,以计算确定完工产品的总成本和单位成本。

2.设置并登记基本生产成本二级账

基本生产成本二级账,是分成本项目登记各批产品所发生的生产费用及生产工时的账簿。在日常成本核算中,将各批产品的直接材料、直接人工和制造费用等生产费用,以及累计工时,分别在基本生产成本二级账中以总额登记。其中,直接材料、生产工时与按产品批别设置的产品成本明细账平行登记。月末,将基本生产成本二级账内的直接材料、累计工时与产品成本明细账进行核对。在有完工产品的月份,计算全部产品累计间接计入费用分配率,对完工产品分配间接计入费用,计算完工产品成本。对未完工的在产品不分配间接计入费用,不分批计算在产品成本。全部产品的在产品成本,只以总数反映在基本生产成本二级账中。

## 四、分步成本法

### （一）分步成本法的含义与适用范围

分步成本法，是按照产品的生产步骤归集生产费用，计算产品成本的一种方法。其成本计算对象是各种产品的生产步骤。

经由一系列相似步骤或部门而生产出相似产品的企业，宜采用分步成本法。这些企业通常连续、大量生产类似的产品，生产部门或生产步骤所做的工作差别不大，因为所有的产品基本上是相同的，制造成本在每个过程中积聚起来。

### （二）分步成本法的特点

第一，成本计算对象是各种产品的生产步骤。

第二，月末为计算完工产品成本，需要将归集在生产成本明细账中的生产费用在完工产品与在产品之间进行费用分配。

第三，除了按品种计算和结转产品成本外，还需要计算和结转产品的各步骤成本。其成本计算对象是各种产品及其所经过的步骤，其成本计算期是固定的，与产品的生产周期不一致。

## 五、分步法的分类

在采用分步法的大量、大批多步骤生产企业中，成本管理往往需要成本核算提供各个生产步骤的半成品成本资料，主要原因如下：

第一，各生产步骤所产的半成品不仅由本企业进一步加工，而且还经常作为商品产品对外销售。

第二，有的半成品虽然不一定外售，但要进行同行业成本的评比，因而也要计算这种半成品的成本。

第三，有一些半成品，为本企业几种产品所耗用，为了分别计算各种产品的成本，也要计算这些半成品的成本。

第四，在实行责任会计或厂内经济核算的企业中，为了全面地考核和分析各生产步骤等内部单位的生产耗费和资金占用水平，需要随着半成品实物在各生产步骤之间转移，结转半成品成本。

## （一）逐步结转分步法

### 1. 逐步结转分步法

逐步结转分步法，也被称为计算半成品成本分步法。它是按照产品加工的顺序，逐步计算并结转半成品成本，直到最后加工步骤才能计算产成品成本的一种方法。它按照产品加工顺序，先计算第一个加工步骤的半成品成本，然后结转给第二个加工步骤，这时，第二步骤把第一步骤转来的半成品成本加上本步骤耗用的材料和加工费用，即可求得第二个加工步骤的半成品成本。按如此顺序逐步转移累计，直到最后一个加工步骤，才能计算出产成品成本。逐步结转分步法就是为了分步计算半成品成本而采用的一种分步法。

### 2. 逐步结转分步法的优缺点

逐步结转分步法有如下优点：

第一，能提供各个生产步骤的半成品成本资料。

第二，为各生产步骤的在产品实物管理及资金管理资料。

第三，能够全面反映该处各生产步骤的生产耗费水平，更好地满足各生产步骤成本管理的要求。

逐步结转分步法的缺点在于成本结转工作量较大，各生产步骤的半成品成本如果采用逐步综合结转方法，还要进行成本还原，增加核算的工作量。

## （二）综合结转法

综合结转法的特点是将各步骤所耗用的上一步骤的半成品成本，以"原材料"或专设的"半成品"项目，综合记入各该步骤的产品成本明细账中。

### 1. 半成品按实际成本结转

所耗上一步骤半成品费用为半成品实际数量与半成品实际单位成本的乘积，其中，半成品实际单位成本可用先进先出、后进先出、全月一次加权平均等方法计算。

### 2. 半成品按计划成本结转

采用这种方法时，半成品的日常收发均按计划单位成本核算；在半成品实际成本算出后，再计算半成品的成本差异率，调整所耗半成品的成本差异。

按计划成本结转的优点如下：

第一，简化工作，节省时间。

计划成本结转半成品成本，可以简化和加速半成品收发的凭证计价和记账工作；半成品成本差异率如果不是按半成品品种，而是按类计算，更可以省去大量的计算工作；如果月初半成品存量较大，本月耗用的半成品大部分甚至全部是以前月份生产的，本月所耗半成品成本差异调整也可以根据上月半成品成本差异率计算。

第二，便于各步骤进行成本的考核和分析。

按计划成本结转半成品成本，在各步骤的产品成本明细账中，可以分别反映所耗半成品的计划成本、成本差异和实际成本。因此，在分析各步骤产品成本时，可以剔除上一步骤半成品成本变动对本步骤产品成本的影响，有利于分清经济责任，考核各步骤的经济效益。如果各步骤所耗半成品的成本差异，不调整计入各步骤的产品成本，而是直接调整计入最后的产成品成本，不仅可以进一步简化和加速各步骤的成本计算工作，而且由于各步骤产品成本中不包括上一步骤半成品成本变动的影响，因而更便于分清各步骤的经济责任，考核和分析经济效益。

3.成本还原

从企业角度分析和考核产品成本的构成和水平很重要。因此，要求从整个企业角度考核和分析产品成本的构成和水平时，应将综合结转算出的产成品成本进行成本还原。所谓成本还原，就是从最后一个步骤起，把所耗上一步骤半成品的综合成本还原成原来的成本。

还原分配率的计算方法是将本月产成品所耗上一步骤半成品成本合计，加上本月所产该种半成品成本合计。

还原分配率分别乘以本月所产该种半成品各个成本项目的费用，可得还原后的各项具体费用。

还原前的与还原后的各项费用分别相加，可得还原后产成品的各项耗费及单位成本。

（三）分项结转分步法

分项结转法是将各生产步骤所耗半成品费用，按照成本项目分项转入各该步骤产品成本明细账的各个成本项目中。如果半成品通过半成品库收发，那么在自制半成品明细账中登记半成品成本时，也要按照成本项目分别登记分项结转。结转时既可以按照半成品的实际单位成本结转，也可以按照半成品的计划单位成本结转，然后按照成本项目分项调整成本差异。

## 第三节 标准成本控制管理

### 一、标准成本概论

（一）标准成本的概念

标准成本，也被称为应该成本。它是指在正常生产经营条件下，经过仔细调查、分析和技术测定而制定的应该实现的，且可以作为控制成本开支、评价实际成本、衡量工作效率的依据和尺度的一种目标成本。标准成本是按正常条件制定的，并未考虑不能预测的异常变动，因而具有正常性。标准成本一经制定，只要制定的依据不变，就不必重新修订，所以具有相对的稳定性。采用标准成本时，成本预算应按标准成本编制，因此标准成本同预算成本没有质的差别，两种名称常常混用。

（二）标准成本的种类

对于应制定怎样的标准成本，众说纷纭。专家们提出了许多不同的或大同小异的标准成本，下面以理想标准成本、正常标准成本和现实标准成本三种为例展开介绍：

1.理想标准成本

理想标准成本是以现有生产经营条件处于最佳状态为基础，所确定的最低水平的成本。该成本在排除一切失误、浪费和耽搁的基础上，根据理论上的生产要素耗用量、最理想的生产要素价格和最高的生产经营能力利用程度制定而成。这种标准成本要求过高，会使职工因感到难以达到而丧失信心。

## 2.正常标准成本

正常标准成本是根据正常的耗用水平、正常的价格和正常的生产经营能力利用程度制定的标准成本。也就是根据以往一段时期实际成本的平均值，剔除其中生产经营活动中的异常因素，并考虑今后的变动趋势而制定的标准成本。

## 3.现实标准成本

现实标准成本，也被称为可达到的标准成本，是在现有生产技术条件下进行有效的经营管理的基础上，根据下一期最可能发生的生产要素耗用量、价格和生产经营能力利用程度制定的标准成本。这种标准成本包含管理部门认为的，以及某些不可避免的不应有的低效、失误和超量消耗，是最切实可行、最接近实际的成本。因此，现实标准成本既可用于成本控制，也可用于存货计价。在经济形势变化无常的情况下，这种标准成本最为适用。

对许多在高度竞争产业中求生存的企业来说，理想标准可以适当地激励员工更加努力，然而，如果多次达不到标准，雇员们会沮丧，理想标准就没有效果。理想标准预示着最高成就的业绩表现，任何对理想标准的偏离都意味着不完美，对企业来说是不可取的。目前，高度竞争的环境要求所有企业需要定期检查标准，并保持连续的改进。

### （三）标准成本的作用

第一，在领料、用料、安排工时和人力时，均以标准成本作为事前和事中控制的依据。

第二，标准成本的客观性和科学性使它具有相当的权威性。

第三，采用标准成本，有利于责任会计的推行。标准成本不仅是编制责任成本预算的根据，还是考核责任中心成本控制业绩的依据。

第四，标准成本是价格决策和投标议价的一项重要依据，也是其他长期决策、短期决策必须考虑的因素。

第五，采用标准成本有利于实行例外管理。

第六，当在产品、产成品和销货成本均以标准成本计价时，可使成本计算、日常账务处理和会计报表的编制大为简化。

## 二、标准成本的制定

### （一）标准成本制定的原则

标准成本制定的原则实际上是制定单位产品标准成本及其各项依据的原则。可供参考的原则如下：

#### 1.以平均先进水平为基础

标准成本应该制定在平均先进的水平上，以便职工意识到只要自己努力就能达到，甚至超过，鼓励职工满怀信心地挖掘降低成本的潜力。

#### 2.充分利用历史资料

制定标准成本必须依据历史成本资料。当需要得到可靠和精确的数据时，制造类似产品的历史数据就是确定一项经营活动标准成本的好方法。当确定标准的数据缺少或不充分，且通过作业分析或其他可选择方法确定标准的成本高出限度时，企业可能会使用历史数据来构建标准。

通过仔细分析制造产品或执行作业的历史数据，管理者确定营业活动的适当标准，通常的做法是利用一项业务活动平均数据作为这项活动的标准。然而，大多企业会使用过去的最好业绩作为标准。在确定标准方面，历史数据的分析通常要比作业分析的耗费小得多。由于依靠过去的标准会带有偏见性，并会延续过去的低效率，因而，在制定时还应预测经济形势的动向、供需市场的变动、职工的熟练程度、改革技术和改进某些规章制度的预计效果等因素，在历史水平的基础上做出适当的调整。

#### 3.实行全员参与的原则

标准成本基本上是生产要素的耗用量与单价相乘之积，因此在制定标准成本时，除需要管理会计人员收集和整理资料，并参与整个制作过程以外，还离不开工程技术人员的研究和测定，离不开采购人员和劳动工资管理人员的调查和预测。但他们往往存在从宽要求的偏向，所以同他们反复商议后，由上级管理者拍板定案，是十分必要的。

#### 4.可供参考的其他几个因素

企业通常从数条途径来决定它们经营活动的适当标准。这些途径包括：作业分析、其他同类企业的标准（即技术标杆）、市场期望（即目标成本）及战略决策。

(1) 作业分析

作业分析是指完成一项工作、工程或业务活动所需的确认、描述和评价的过程。一项完整的作业分析包括有效完成此项任务所需的所有输入因素和作业活动。因为每种产品都不相同，产品技术人员需要详细确认产品的组成部分，所以作业分析需要不同职能部门人员的加入。

(2) 其他同类企业的标准（即技术标杆）

制造商协会通常会收集产业信息，并掌握管理者可用来确定经营标准的数据。不属于同一产业，却与该产业有类似经营活动的其他企业的实际数据，也可以作为确定该产业标准的较好依据。

近年来，许多企业不满足于利用同一产业内的其他企业，而是以任意企业的最佳经营业绩作为标准。利用标杆的好处在于企业以各地的最好业绩作为标准，有助于企业保持较强竞争力。定期检验其基准并与全球最好业绩相比较，有利于公司持续在经营上压制竞争对手。

(3) 市场期望（即目标成本）

市场期望通常在标准确定方面发挥重要的作用，尤其是对使用目标成本的企业。当售价是企业期望售出产品的固定价格时，标准成本就是指产生产品期望贡献毛益的成本。

(4) 战略决策

战略决策会对产品的标准成本产生影响。追求持续改进和零缺陷战略决策将要求企业在最具挑战性的水平下，不断地确定产品的标准。

## （二）标准成本制定的内容

标准成本的制定通常只针对产品的制造成本，不针对期间成本。对管理成本和销售成本采用编制预算的方法进行控制，不制定标准成本。由于产品的制造成本是由直接材料、直接人工和制造费用三部分组成，与此相对应的产品的标准成本也就由这三部分组成。

### 1.直接材料标准成本的制定

直接材料标准成本是由直接材料用量标准和直接材料价格标准决定的。材料用量标准是指生产单位产品所耗用的原料及主要材料的数量，即材料消耗定额。它包括构成产品实体和有助于产品形成的材料、必要的损耗，以及不可避免地形成废品所耗用的材料。

材料价格标准是指采购某种材料的计划单价。它以订货合同价格为基础，并考虑各种变动因素的影响，包括买价、采购费和正常损耗等成本。制定材料价格标准时，也应按各种材料分别计算，各种材料价格标准通常由财务部门根据供应采购部门提供的计划单价分析制定。

### 2.直接人工标准成本的制定

直接人工标准成本是由直接人工用量标准和直接人工价格标准决定的。人工用量标准即工时用量标准，它是指在现有工艺方法和生产技术水平条件下，生产单位产品所耗用的生产工人工时数，也被称为工时消耗定额。制定工时用量标准时，应按产品的加工工序和生产部门分别计算，各工序工时用量标准由生产技术部门制定。

### 3.制造费用标准成本的制定

制造费用标准成本是由制造费用用量标准和制造费用价格标准决定的，制造费用用量标准与上述直接人工用量标准的制定相同。制造费用价格标准即制造费用分配率标准，指的是每一标准工时应分配的制造费用预算总额。

### 4.单位产品标准成本的制定

在某种产品的直接材料标准成本、直接人工标准成本和制造费用标准成本确定后，就可以直接汇总计算单位产品标准成本。汇总时，企业通常要按不同产品设置"产品标准成本卡"，列明各成本项目的用量标准、价格标准和标准成本。采用变动成本法计算时，单位产品标准成本由直接材料、直接人工和变动性制造费用三个成本项目组成；采用完全成本法计算时，单位产品标准成本除上述三个成本项目外，还应包括固定性制造费用。

## 三、成本差异的计算与分析

成本的日常控制是指在成本形成过程中，通过对实际发生的各项成本和费用进行控制和监督，以保证原定的目标成本得以实现的管理活动。

管理会计通过标准成本的编制来规划成本，但是在日常经济活动中可能由于种种问题，实际发生的成本数额与预定的标准成本出现差额，这种差额就是成本差异。

为了实现对成本的控制，应该计算实际成本偏离标准成本的具体数额（即计算成本差异），并在此基础上分析差异形成的原因，以便及时采取相应的对策，进行必要的矫正，保证成本目标的实现。

### （一）直接材料成本差异的计算与分析

直接材料成本是由直接材料价格和直接材料用量两部分构成的，因此直接材料成本差异的计算，包括直接材料价格差异和直接材料用量差异两部分的计算。

**1. 直接材料价格差异的计算**

直接材料价格差异是由实际直接材料价格脱离标准价格而形成的差异，其计算公式如下：

$$直接材料价格差异 = （实际用量 \times 实际价格） - （实际用量 \times 标准价格）$$
$$= 实际用量 \times （实际价格 - 标准价格）$$

**2. 直接材料用量差异的计算**

直接材料用量差异是由实际材料用量脱离标准用量而形成的差异，其计算公式如下：

$$直接材料用量差异 = （实际用量 \times 标准价格） - （标准用量 \times 标准价格）$$
$$= （实际用量 - 标准用量） \times 标准价格$$

**3. 直接材料成本差异的分析**

（1）直接材料价格差异

直接材料价格差异是由于材料采购过程中，实际支付的价款与标准支付金额之间存在差额而形成的。材料价格差异的形成通常有以下几种情况：

第一，由于材料调拨价格变动或由于市场供求关系的变化引起价格的变动。

第二，由于客户临时订货而增加的紧急采购，致使采购价格和运输费用上升。

第三，订货数量未达到应有的经济订货量。

第四，运输安排不合理，中转期延长，增加了运输费用和途中损耗；或由铁路运输改为空运，形成不必要的浪费。

第五，在保证质量的前提下，购入替代材料，降低了采购价格和采购费用。

第六，市场调查不充分，造成采购舍近求远，增加了材料运费。

采购部门专门负责对外采购生产需要的材料物资，以保证生产经营活动的正常需要。例如，由于生产上的临时需要而进行的紧急订货，或由于客观因素造成的运输延误，不得不由铁路运输临时改为空运，因此而增加的采购费用属于不可控因素。在分析直接材料价格差异时，只有查明原因，才能真正分清责任归属，有针对性地采取措施并加以改进，降低材料成本。

（2）直接材料用量差异

材料用量差异取决于实际用量与标准用量之间差异的性质和程度。材料用量差异的形成原因是多方面的。例如，工人违反操作规程或出现机器故障而形成材料消耗超标；仓储部门保管不当，造成材料损坏变质；产品设计根据用户要求做出调整，但材料用量标准未做相应调整；更换机器设备使材料用量变更；由于新产品投产，工人操作技术不熟练等。

## （二）直接人工成本差异的计算与分析

直接人工成本差异是指直接人工实际成本与直接人工标准成本之间的差额。直接人工成本是由直接人工工时用量和工资率所决定的，因此直接人工成本差异也包括工资率差异（价格差异）和直接人工工时用量差异（效率差异）两部分。

### 1.直接人工工资率差异的计算

直接人工工资率差异的计算公式如下：

直接人工工资率差异=（实际工时×实际工资率）-（实际工时×标准工资率）

=实际工时×（实际工资率-标准工资率）

### 2.直接人工效率差异的计算

直接人工效率差异的计算公式如下：

直接人工效率差异=（实际工时×标准工资率）-（标准工时×标准工资率）

=（实际工时-标准工时）×标准工资率

### 3.直接人工成本差异分析

通过计算可以确定直接人工工资率差异和效率差异,对这两种差异产生的原因还需要做进一步的分析。

（1）直接人工工资率差异分析

工资率差异产生的原因主要有以下几个方面：

第一，工资制度和工资级别的调整。

第二，工资计算方法的改变，计件工资改为计时工资。

第三，由于产品工艺过程和加工方法的改变而调整工种结构。

工资率差异的产生一般由生产部门负责，但是在实际工作中往往会出现由于工作安排不当而形成工资率差异。

（2）直接人工效率差异分析

直接人工效率差异的方向和大小取决于实际工时与标准工时之间差异的性质和程度。直接人工效率差异产生的主要原因有以下几个方面：

第一，劳动生产率提高或降低。

第二，产品工艺过程和加工方法的改变，未能及时调整工时标准。

第三，生产计划安排不合理，造成窝工。

第四，燃料动力供应中断，造成停工。

### （三）制造费用成本差异的计算与分析

制造费用成本差异是制造费用实际发生额和制造费用预算之间的差额，一般按变动性制造费用差异和固定性制造费用差异分别进行计算和分析。

### 1.变动性制造费用成本差异的计算

变动性制造费用差异是指实际变动性制造费用和标准变动性制造费用之间的差额，变动性制造费用差异主要由变动性制造费用耗费差异和变动性制造费用效率差异构成。

（1）变动性制造费用耗费差异的计算

变动性制造费用耗费差异是指实际发生额脱离按实际工时计算的预算额而形成的差异。其计算公式如下：

$$变动性制造费用耗费差异=实际发生额-按实际工时计算的预算额$$

（2）变动性制造费用效率差异的计算

变动性制造费用效率差异是指实际工时脱离标准工时而形成的差异。其计算公式如下：

变动性制造费用效率差异=（实际工时-标准工时）×变动性制造费用标准分配率

（3）变动性制造费用成本差异的计算

变动性制造费用成本差异的计算公式如下：

变动性制造费用成本差异=变动性制造费用耗费差异+变动性制造费用效率差异

### 2.变动性制造费用成本差异的分析

确定变动性制造费用成本差异额，对差异产生的具体原因还需要进一步进行分析。变动性制造费用耗费差异的产生，主要是由于有关各项费用的实际分配率与标准分配率不一致而引起的。

变动性制造费用耗费差异形成的原因主要有以下几个方面：

第一，制定预算时考虑不周而使预算数额制定不准确。

第二，间接材料价格变化。

第三，间接材料质量不合格而导致用量增加。

第四，间接人工工资率调整。

第五，间接人工人数调整。

第六，其他费用发生变化。

变动性制造费用耗费差异的责任归属应进行具体分析，如预算数额制定不准确、材料采购价格变化、间接人工工资率调整、其他费用控制不严等，应分别由财务部门、采购部门、人事部门、生产部门等承担责任，以明确责任归属。

### 3.固定性制造费用成本差异的计算

（1）双差异计算法

双差异计算法是将固定性制造费用成本差异，分为耗费差异和能量差异两部分进行计算的方法。固定性制造费用耗费差异是指实际固定性制造费用总额，与固定性制造费用预算额之间的差异。固定性制造费用能量差异是指实际产量的标准工时脱离设计生产能力而产生的差异。计算公式如下：

固定性制造费用耗费差异=固定性制造费用实际开支额-固定性制造费用预算额

固定性制造费用能量差异=固定性制造费用分配率×（产能标准总工时-实际产量标准工时）

固定性制造费用成本差异=固定性制造费用耗费差异+固定性制造费用能量差异

（2）三差异计算法

三差异计算法是将固定性制造费用成本差异，分为耗费差异、生产能力利用差异和效率差异三部分进行计算的方法。固定性制造费用耗费差异是指实际固定性制造费用总额与制造费用预算额之间的差异。固定性制造费用生产能力利用差异是指在标准分配率下，实际工时脱离生产能力标准总工时而产生的成本差异。固定性制造费用效率差异是指在标准分配率下，实际工时脱离标准工时而产生的成本差异。计算公式如下：

固定性制造费用耗费差异=固定性制造费用实际开支额-固定性制造费用预算额

固定性制造费用生产能力利用差异=固定性制造费用标准分配率×（产能标准总工时-实际工时）

固定性制造费用效率差异=固定性制造费用标准分配率×（实际工时-实际产量标准工时）

固定性制造费用成本差异=固定性制造费用耗费差异+固定性制造费用生产能力利用差异+固定性制造费用效率差异

### 4.固定性制造费用成本差异分析

确定了各项固定性制造费用的成本差异以后，需要对固定性制造费用成本差异产生的原因应根据具体情况进行分析。

耗费差异责任应由有关的责任部门负责。造成固定性制造费用耗费差异的主要原因如下：

第一，管理人员工资的变动。

第二，固定资产折旧方法的改变。

第三，修理费开支数额的变化。

第四，租赁费、保险费等项费用的调整。

第五，水电费价格的调整。

第六，其他有关费用开支数额发生变化。

形成能量差异的主要原因如下：

第一，原设计生产能力过高，生产不饱满。

第二，因市场需求不足或产品定价策略问题而影响订货量，造成生产能力不能充分利用。

第三，因原材料供应不及时，导致停工待料。

第四，机械设备发生故障，增加了修理时间。

第五，能源短缺，被迫停产。

第六，操作工人技术水平有限，未能充分发挥设备能力。

# 第四节 目标成本管理

## 一、目标成本管理的特点

目标成本管理不同于目标成本，目标成本作为企业一项重要的经营管理目标，是现代成本概念之一。目标成本管理是目标概念和成本概念的统一，同时兼有目标属性和成本属性两重属性。它一般包括三个相互联系的方面：目标成本、单位产品成本目标、成本降低目标。作为成本概念，它是企业作为奋斗目标和控制指标而预先制定的低于目前成本和努力后得以实现的成本。它具体是指企业在生产经营活动中，把成本目标从企业目标体系中抽取和突出出来，围绕成本目标开展各项成本管理活动和其他管理活动。用目标成本管理来指导、规划和控制成本的发生和费用的支出，可以达到提高经济效益的目的。可见，它是一种有效降低成本、提高企业经济效益的手段，是一种科学的现代成本管理方法。综上所述，目标成本和目标成本管理两者是辩证统一的关系。

目标成本管理是目标管理与成本管理的统一，作为一种现代成本管理方法，它的特点是由目标管理的特点决定的。具体的特点和要求如下：

## （一）面向未来

要求企业的成本管理必须有明确的成本奋斗目标或成本控制指标，把成本管理工作的重点放在企业未来产品成本的降低上，扎扎实实地开展目前的成本管理工作，通过对成本发生和费用支出过程的有效控制，保证成本目标的实现。

## （二）超前

要求企业的成本管理必须事先对成本实施科学预测和可行性研究，制定出正确的成本目标，并依据成本目标进行成本决策和成本计划，制定最优的成本方案和实施措施。预先考虑成本变动的趋势和可能发生的情况，提前做好准备和安排，采取妥善的预防性措施，从而把成本的超支和浪费消灭在成本发生之前。

## （三）积极主动

要求企业的成本管理必须充分调动成本管理人员、其他各级管理人员，以及一切与成本发生有关的人员的积极性、主动性、创造性，使他们积极地围绕成本目标，主动地控制和消灭超支或浪费现象的发生。尤其是企业高层管理人员和成本管理专业人员，要开展调查研究，及时发现问题、解决问题，敢于开拓创新，主动正确指导成本管理工作的开展，为下级人员创造和提供降低成本的条件。

## （四）全面

要求企业的成本管理必须实行全环节、全过程和全体人员参加的成本管理。因为产品成本是企业的一项综合性经济指标，它的形成贯穿于企业生产经营活动的全过程，与企业所有部门、单位和工作人员的工作质量有关。要实现目标成本就必须做到以下几个方面：

第一，实行成本管理各环节相统一的管理。即围绕目标成本认真做好成本预测、决策、计划、控制、分析、考核、核算工作，使这些成本管理的环节相互衔接，相互保证。

第二，实行企业内部全过程、全方位的成本管理。即围绕目标成本对产品成本形成的全部过程进行管理，控制到每个阶段、每个方面的成本发生情况，改变过去那种只重生产、销售阶段的单一过程的成本管理。

第三，实行企业内部各单位全体人员都参加的成本管理。即围绕目标成本，动员企业各级、各部门、各单位及每个岗位上的工作人员都来参与成本管理工作。增强每个人的成本意识和观念，改变过去那种只由成本专职管理人员参加，缺乏全员参与监督意识的成本管理。

## （五）系统

要求企业在成本管理中，以系统论的原理来指导成本管理工作。因为目标成本是企业系统整体功能发挥作用的未来结果。要实现目标成本，就要协调好企业系统内部各子系统、各要素之间的生产技术关系和人际关系，保证各个系统要素能充分发挥成本控制作用，改善过去那种无系统整体观念，不注重协调配合的成本管理。

## （六）民主

要求企业在成本管理中制定的目标成本必须先进可行。制定目标成本要由群众参与，上下协商，目标成本的分解、落实要与经济责任制相结合，使每个人既有明确的成本控制方向和任务，又有确定的成本责任，还要有相应的物质利益作动力。

## （七）重视效益

要求企业在成本管理中，必须把提高或保证效益作为成本管理工作的出发点和归宿。成本反映企业的消耗水平，直接决定着企业的经济效益。因此，目标成本管理工作，必须以提高效益为指南，注重成本与效益分析，把提高经济效益放在突出位置，用实际成果、贡献来评价与衡量各部门、人员的工作。

除此以外，目标成本管理还是一种综合性的成本管理。它能够综合地运用各种成本管理理论和方法，以及其他有关的管理理论和方法，吸收和利用这些理论和方法来为目标成本管理服务，保证目标成本的实现。如依据现代成本概念科学划分成本性态，按成本性态实行分级管理；与全面成本管理、责任成本管理、质量成本管理、计划（定额）成本管理等有机结合起来，共同为实现目标成本服务；引进经济数学模型，使目标成本管理实现定量化；应用电子计算机技术，建立成本信息反馈系统，使目标成本管理手段现代化等。

## 二、目标成本的预测

目标成本管理作为一种综合性、全局性、关键性的成本管理，其内容包括目标成本管理过程中目标成本的预测和确定、实施与控制、考核与总结等不同阶段的工作和一些必要的基础性工作。其中，目标成本的预测是目标成本管理的第一步工作和首要环节，是目标成本分解与落实、实施与控制、分析与考核的前提。

### （一）目标成本预测的特点

目标成本的预测是指对企业在未来一定时期内，判断自身以何种成本水平为适宜目标所进行的预测工作。它与一般的成本预测相比，既有联系，又有区别，即具有自己的特点。虽然二者都要依据各种因素的变动与成本变动的因果关系，全面分析各种因素对成本的影响方向及其程度，对未来一定时期的成本变动趋量和水平做出预见，但目标成本的预测更注重充分考虑，更注重研究企业内部的各种潜力和采取各种主动降低成本措施的可能及影响。一般成本预测的结果只是未来一定时期内成本变动的一般趋势和水平，只是为制定一般的成本计划提供依据；而目标成本的预测，则是要在一般成本预测的基础上，进一步测算出经过未来一定时期的主观努力，成本变动可能达到的理想水平或最佳水平。目标成本的预测虽然要运用成本预测的一般方法，但在运用中又带有自己的特点，并且还具有自己的一些独特方法。

### （二）目标成本预测的目的

目标成本预测的目的主要有以下两个方面：

第一，目标成本预测的直接目的是测出目标成本参考值，为目标成本的最后确定提供基础依据。

第二，目标成本预测的间接目的是找出差距，挖掘潜力，拟出措施，为目标成本的实施、控制、实现奠定基础。目标成本预测的过程，就是针对有关因素找差距、挖潜力、想措施的过程，这是由目标成本预测的特点决定的。

### （三）目标成本预测的内容

目标成本预测的内容有广义与狭义之分。广义地说，它不仅包括预测各种直接或间接因素对成本变动影响,预测成本项目和总成本变动趋势及水平,以及在上述预测基础上进行的对目标成本本身数据的预测,而且还包括对各种因素本身变动情况的预测。狭义地说,目标成本预测就是对目标成本本身数据的预测,主要包括以下几个方面:

第一,目标总成本的预测。

第二,单位产品目标成本的预测。

第三,成本降低目标的预测。

以上三个方面互相联系、互相制约,再加上据此进行的基础性预测,共同构成一个有机的、完整的目标成本预测内容体系。

## (四)目标成本预测的步骤和方法

在广泛调查、收集、整理、分析企业历年成本资料和国内外有关资料的基础上,一般要分以下几个步骤进行目标成本的预测:

第一,明确预测的目的、内容和要求。

第二,确定上述三种目标的预测次序。在预测时,可根据具体情况和资料,首先预测目标总成本,然后预测单位产品目标成本,最后预测成本降低目标。

第三,根据预测目标和资料,选择适当的预测方法。

第四,按照次序,利用资料和选定的方法(有的方法要建立数学模型)进行实际的预测。

第五,分析和估计每种目标的预测误差,修改初步预测值,或修改、补充原来的预测模型,重新进行预测。

第六,初步确定各项目标成本值,并写出预测报告。

目标成本无论哪个方面的预测,都必须借助适当的科学方法来进行。方法选得是否适当,运用得是否正确,是判断预测结果能否符合要求的重要前提。各个企业在实际预测时,都要根据自己的生产经营特点、具体情况和掌握的实际资料,按照预测期限的长短和准确程度的要求及费用的多少综合加以选择,因为每一种预测的方法都有自身的适用范围、条件及优点。企业需要对各种方法得出的数据进行对比、验证、选择或权衡统一,所应用的各种预测方法综合构成了目标成本预测方法体系。

## 三、目标成本的分解

从大的方向而言,在考虑目标成本的分解时,应考虑其落实。目标成本的分解与落实紧密相连,前后相随,分解是落实的手段和前提,落实是分解的目的和最后结果,两者统一构成目标成本管理的一个中间环节。

### (一)目标成本分解的内涵与意义

所谓目标成本的分解,就是将上一阶段测定的目标成本值(即目标总成本、单位产品目标成本和成本降低目标的数额),按照一定的要求,采用一定的形式和方法,科学地划分、解剖和展开,化"大"为"小",使之具体化、细小化、单元化,尽可能地形成一个由相互联系、相互制约的分、子目标构成的有机的目标成本体系,更好地完成和实现对目标成本全面、具体的控制、分析和考核。

### (二)目标成本分解的原则

第一,按照整分合原则和协调平衡的原则来进行。一方面,分解前要以测定的目标成本值为对象;另一方面,分解之后又要保证各分、子目标之和与被分解的目标成本值相等。同时,分解之后仍要保证目标总成本、单位产品目标成本、成本降低目标三者之间的平衡。最后,要做到上下各级、各个目标的综合平衡。

第二,根据成本的具体内容,尽量将目标成本分解到最小单元或单位,即分解要做到"从底到边",直到不便再分解为止。这样,才有利于全面、具体地落实目标成本分解工作,更好地控制、分析和考核;相反,如果该分的没分,或分得不细、不透彻,落实起来就比较困难,控制、分析和考核也达不到应有的力度。

第三,按照目标和目标成本特性的要求,使分解的分、子目标同样具有目标和目标成本的特性。

第四,结合企业产品生产、技术和经营管理的特点,科学地选择分解的具体依据和方法,分解的层次,以及分解后分、子目标数量。

总之,分解要考虑到落实、控制、分析和考核的要求和需要,要便于责任划分,使分解的分、子目标个个都能得到落实;要有利于实施、控制、分析和考核,使分解的各分、子目标能真正成为它们的依据和标准。

# 第五节 责任成本管理

## 一、责任成本制度

### （一）责任成本的作用

随着企业经营的日益复杂化和多样化，企业大型化、跨国化和多角经营化的趋势越来越明显，使得企业内部的经营管理日趋复杂。在行为科学管理理论的影响下，许多企业实行了某种形式的分权管理制度，即将决策权随同相应的责任下放给基层经理人员，而最高层管理者就可将有限的时间和精力集中于企业最重要的战略决策。实施分权管理可以使信息专门化、反应迅速化。

企业越是下放经营管理权，越要加强内部控制。很多大型企业将所属各级、各部门将责任中心按其权力和责任的大小划分为各种成本中心、利润中心和投资中心等，实行分权管理，其结果是各分权单位既有自身利益，又不能像一个独立的组织那样开展经营活动。因此，如何对分权单位的经营业绩进行计量、评价和考核，就显得尤为重要。责任成本制度就是为了适应这种要求而在企业内部建立若干责任单位、并对他们分工负责的经济活动进行规划、控制、考核和评价。

分权管理使各分权单位之间具有某种程度的互相依存性，主要表现在各分权单位间相互提供产品或劳务。分权单位有时为了自身的利益，有可能采取一些有损于其他分权单位甚至整个企业利益的行为。责任成本正是企业加强内部控制的一个有效工具。责任成本制度根据授予基层单位的权力和责任，以及对其业绩的计量、评价和考核方式，将企业划分成各种不同形式的责任中心，并建立起以各责任中心为主体，以责权利相统一的机制为基础，通过信息的收集、加工和反馈而形成的企业内部严密的控制制度。

责任成本在企业内部控制中的作用如下：

第一，为评价和考核企业职工的工作成果提供了一个可靠的基础。

责任成本核算体系既能有效地、自上而下地对各责任中心的责任行为实施控制，也能使各责任中心在责任预算的指导下和完成预算所获经济利益的激励下，通过对责任预算执行过程的核算，及时调整出现的偏差，实施自我控制。而且企业还可以依据各责任中心对各自责任预算完成情况进行奖罚，公平合理地评价和考核各责任中心的工作业绩。

第二，有利于企业各基层部门与企业整体目标协调一致。

实施责任成本制度是分权管理在企业顺利推行的必要条件，以保证各基层单位与企业整体目标协调一致，圆满地实现企业总目标。

第三，有利于应用例外管理原则。

责任成本可以提供责任预算执行情况的"业绩报告"。企业内部经济责任制，就是要明确企业内部各管理层应承担的责任，同时赋予企业与之相应的权力，并将其责任的履行情况同经济利益相联系。为此，一方面要建立激励机制，实行分权管理；另一方面要建立约束机制，实行责任成本。

## （二）责任成本的主要内容

责任成本既是会计资料同责任中心紧密联系起来的信息系统，也是强化企业内部管理所实施的一种内部控制制度。企业实行责任成本的具体形式会有所差别，但主要内容包括以下几个方面：

第一，建立责任中心。

实行责任成本，首先应根据企业组织结构的特点，按照分工明确、权责分明、业绩易辨的原则，合理灵活地划分责任中心，使各责任中心在企业所授予的权力范围之内，独立自主地履行职责，并以责任中心作为责任成本的核算对象。

第二，编制责任预算。

责任预算是企业按责任中心合理分解、落实全面预算的具体表现，是责任中心开展日常经营活动的准绳，同时也是评价、考核责任中心业绩的基本标准。业绩考核标准应当具有可控性、可计量性和协调性等特征，为此责任预算应既先进又可行，既全面又有重点，真正成为责任中心的奋斗目标和完成企业全面预算的基础。

第三，进行责任控制。

各责任中心在执行责任预算的过程中，一方面，应实行自上而下的控制，上级责任中心对所属的下级责任中心进行全面控制；另一方面，各责任中心应进行自我控制。

第四，建立健全责任成本核算制度。

为了对责任中心进行有效控制，必须建立一套完整的与日常记录、核算和考核有关的责任预算执行情况的信息系统。及时报告责任中心执行责任预算的情况，并针对预算执行差异进行调查分析，迅速采取有效措施并加以纠正，即进行反馈控制。为此，企业要有一套完整的责任成本核算制度，以保证控制所需信息的相关性、适时性和准确性。由于不同责任中心的控制范围不同，因而各责任中心的核算内容和核算方法亦有所不同。

第五，进行责任考核。

根据业绩报告，对照责任预算，找出差异，调查分析产生差异的原因，判明责任，奖惩分明。通过对责任中心工作成果的评价考核，总结成功的经验，揭示存在的不足，为编制下一任期预算提供资料。为此，企业必须制定一套完整、合理和有效的奖惩制度，以适应责任考核，并有助于实现责任中心责权利的统一。

第六，企业内部各责任中心互相联系。

在处理相互经济关系时，应公平合理，一视同仁，发挥应有的激励作用。在编制责任预算时，避免由于内部转移价格制定不当而导致不能体现"等价交换"的状况；在制定奖惩措施时，使各责任中心都感到目标是公正合理的、可实现的，经过努力完成目标后所得到的奖励与报酬，同所付出的劳动相比是值得的，避免因奖惩不公平而挫伤企业职工的积极性与创造性。

为了保证企业和责任中心对各自生产经营活动的有效控制，有关负责人需要及时掌握责任执行情况的准确信息，以便对发生的执行差异做出及时、恰当的调整，加强对责任中心的控制，使各自的目标最终得以实现。

各有关负责人应将有限的精力和时间，用于对各责任中心在履行责任时发生的重点、"例外性"差异的调查、分析和控制上，以收到事半功倍之效。这与成本—效益原则是一致的，因为责任成本本身也应讲究成本与效益的有机统一。应针对差异的性质，采用经验估计法或数理统计法来确定。若差异虽未超过预定的界限，但经常在这一界限上下徘徊，也应加以重视。如果此类差异频频发生，就反映出控制不严，或预算已经过时等问题。不论属于哪一种情况，都应查明原因、及时纠正、加以控制。

## 二、责任中心

### （一）成本中心

**1.成本中心的定义**

成本中心是指有权发生成本或费用并对其进行控制的部门，成本中心的工作成果不会形成可以用货币计量的收入，即其工作成果不便于或不必进行货币计量，而只计量和考核发生的成本或费用。成本中心的职责就是以最低的成本费用，按质、按量、按时去完成预定的具体任务。一个成本中心可以由若干个更小的成本中心构成。

**2.成本中心的分类**

（1）按管理范围划分

第一，生产车间。

生产车间包括基本生产车间和辅助生产车间。在不同的企业中，生产车间的设置原则可能有所不同，管理权限也会有所差别，因此将生产车间定为何种责任中心，应根据具体情况来确定。生产车间通常只发生生产耗费，不取得收入，而且不拥有供、产、销等方面的权限，因而一般可以定为成本中心。

第二，仓库。

仓库包括材料仓库、半成品仓库和产成品仓库。这些仓库分别负责各自对象的收进、发出、保管业务。其共同的特点是既要占用一定的资金，也会发生一些费用。

第三，管理部门。

这里所说的管理部门是指企业的大多数职能部门，包括供应部门、生产部门、会计部门等。其共同特点是既要对职能履行的结果负责，还要为自身的经费支出负责。从考核的角度讲，对上述职能部门通常只是考核其费用支出的数额，因而它们往往被称为费用中心。

（2）按管理层次划分

如果说按管理范围划分，成本中心是横向的，那么按管理层次划分则是在横向划分的基础上，对成本中心进行纵向划分。

第一，车间—班组—个人三级成本中心。

如前所述，车间一般应定为成本中心，企业在成本方面的目标能否完成，主要取决于企业内部各车间的工作情况。班组是车间的基层组织机构，客观上存在着可控成本，所以如有可能，也应作为一级成本中心。班组所负责的责任成本可以进一步分解落实到每一个生产工人，建立以个人为单位的责任中心。

第二，仓库—保管人员两级成本中心。

企业的各种仓库分别从属于不同的管理系统，例如，材料仓库属于供应管理系统、半成品仓库属于生产管理系统、产成品仓库属于销售管理系统。

第三，管理部门—管理人员两级成本中心。

对职能管理部门的工作进行量化考核是一项具有较大难度的工作。首先，各职能部门的工作性质有很大差别；其次，各职能部门在行使职能时会出现交叉，尤其是在生产领域；最后，管理人员个人的能力和积极程度有较大弹性，也会在一定程度上增加考核的难度。

（3）根据成本是否明确划分

第一，标准成本中心。

标准成本中心所生产的产品必须是稳定而明确的，并且已经知道单位产品所需要的投入量。其典型代表是制造业工厂、车间、工段、班组等。因此，各行业都可以建立标准成本中心。比如，银行根据经手支票的多少，医院根据接受治疗的人数多少，快餐业根据售出的盒饭多少等，都可建立标准成本中心。

第二，费用中心。

费用中心适用于那些产出物（工作成果）不能用货币来计量，或投入与产出之间没有密切关系的部门。对于费用中心，唯一可以准确计量的是实际费用，而难以通过投入和产出的比较来评价其效果和效率，往往只能根据实际费用与费用预算之间的费用差异来评价考核其工作成绩。但应注意两种情况：一是有些费用中心可能由于工作开展得多和目标完成得好而产生不利差异（如超支）；二是有些费用中心则可能由于工作不力，敷衍了事而产生有利差异（如节约费用）。

### 3.成本中心的考核指标

标准成本中心的考核指标，是既定产品质量和数量条件下的标准成本。标准成本中心不需要做出价格决策、产量决策或产品结构决策，这些决策应由上级管理部门做出，或授权给销货单位做出。标准成本中心的设备和技术决策，通常由职能管理部门做出，而不是由成本中心的管理人员自己决定。因此，标准成本中心不对生产能力的利用程度负责，而只对既定产量的投入量承担责任。如果采用全额成本法，成本中心不对闲置能量的差异负责，而对固定成本的其他差异承担责任。如果标准成本中心的产品没有达到规定的质量，或没有按计划生产，则会对其他单位产生不利的影响。因此，标准成本中心必须按规定的质量、时间标准和计量来进行生产。这个要求是硬性的，很少有伸缩余地。

确定费用中心的考核指标是一件困难的工作。由于缺少度量其产出的标准，以及投入和产出之间的关系不密切，运用传统的财务技术来评估这些中心的业绩非常困难。费用中心的业绩涉及预算、工作质量和服务水平。标准成本中心的产品质量和数量有良好的量化方法，如果能以低于预算水平的实际成本生产出相同的产品，则说明该中心业绩良好。一般使用费用预算来评价费用中心的成本控制业绩。

由于很难依据一个费用中心的工作质量和服务水平来确定预算数额，因而可采取两个解决办法：一个解决办法是考察同行业类似职能的支出水平；另外一个解决办法是零基预算法，即详尽分析支出的必要性及其取得的效果，确定预算标准。还有许多企业依据历史经验来编制费用预算。越是勤俭的管理人员，将越容易面临严峻的预算压力。预算有利差异只能说明比过去少花了钱，既不表明达到了应有的节约程度，也不说明成本控制取得了应有的效果。从根本上说，决定费用中心预算水平有赖于了解情况的专业人员的判断。上级主管人员应信任费用中心的经理，并与他们密切配合，通过协商确定适当的预算水平。

## （二）利润中心

### 1.利润中心的定义

成本中心的决策权力是有限的。标准成本中心的管理人员可以决定投入，但产品的品种和数量往往要由其他人员来决定。费用中心为本企业提供服务或进行某一方面的管理。利润中心是指既能控制成本，又能控制销售和收入的责任中心。它不仅要对成本、收入负责，而且还要对收入与成本的差额（即利润）负责，可以说是收入中心，但因企业一般不授予其定价权，因此纯粹的收入中心是不存在的。在一个企业中，利润中心往往处于较高的层次。各利润中心都自成一体，独立经营，但也相互协调，共同实现企业的总目标。

利润中心有以下两种类型：

一是自然的利润中心。这种利润中心有产品销售权，能直接对外销售产品或提供劳务，从而取得实际的销售收入，就像一个独立经营的企业。这里所说的自然利润中心，其价格制定权的大小是以企业内部职能如何划分为转移的，而对一个企业来说，理应完全拥有价格制定权。现实的情况是某些企业包括产品定价权在内的经营决策权并未完全落实。

二是人为的利润中心。这种利润中心不能直接对外销售产品或提供劳务，仅对本企业内部的其他部门按照内部转移价格提供产品或劳务，从而实现"内部销售收入"，并形成内部利润（或称生产利润）。

一般来说，利润中心被当作一个可以用利润衡量其一定时期业绩的组织单位。但是，并不是可以计量利润的组织单位都是真正意义上的利润中心。利润中心组织的目的是激励下级部门制定有利于整个公司的决策并努力工作。仅仅规定一个组织单位的产品价格并把投入的成本归集到该单位，并不能使该组织单位具有自主权或独立性。

2.利润中心的考核

对利润中心业绩的评价与考核，主要是通过一定期间实际的利润同责任预算中所确定的预计利润进行比较，并进而对差异形成的原因和责任进行具体剖析，借此对其经营上的得失和有关人员的功过做出相对全面而公正的评价。

（三）投资中心

投资中心是指既能控制成本和收入，又能对投资进行控制的责任部门。投资中心是对投资负责的责任中心，而投资的目的在于获取利润，所以投资中心同时也是利润中心。不过利润中心只有短期经营决策权，投资中心则同时拥有短期经营决策权和投资决策权，因此投资中心权力更大，责任也更大，更应注重投资效益，考虑长远的利益。投资中心是分权管理模式的最突出表现。

根据投资中心生产经营活动的特点，通常以投资利润率和剩余收益作为评价考核投资中心经营业绩的主要指标。

1.投资利润率

投资利润率是投资中心所获得的利润与投资额之间的比率，其计算公式如下：

$$投资利润率=利润÷投资额$$

投资中心要提高投资利润率，可以采用不同的策略。一般来说，提高投资利润率的主要途径有如下三条：

（1）增加销售

在资产总额保持相对稳定的前提下，设法增加销售，使销售增加幅度大于费用增加幅度。

（2）降低成本费用

降低约束性固定成本、变动成本及酌量性固定成本。由于约束性固定成本与生产能力的形成有关，生产能力一经形成，再想改变它就难了，而降低变动成本也有难度。因此，投资中心经理往往要拿酌量性固定成本开刀，如削减研究与开发费用、职工培训费用、广告费等。

（3）减少资产投资额

减少资产投资额主要通过以下四方面实现：

第一，减少不必要的生产性固定资产占用，如对不需要的固定资产进行适当处理等。

第二，减少不必要的存货占用。

第三，尽量压缩非生产性资产占用。

第四，加快存货周转、应收账款周转等。

用投资报酬率来评价投资中心业绩比较客观，部门之间，以及不同行业之间，都可以用投资报酬率来进行评价。投资人非常关心这个指标，公司也十分关心这个指标，用它来评价每个部门的业绩，促使其提高本部门的投资报酬率，有助于提高整个企业的投资报酬率。投资报酬率指标也有不足，部门经理会放弃高于资本成本而低于部门投资报酬率的机会。

**2.剩余收益**

剩余收益的计算公式如下：

$$剩余收益 = 部门边际贡献 - 部门资产应计报酬$$
$$= 部门边际贡献 - 部门资产 \times 资产成本$$

剩余收益是绝对数指标，不便于不同部门之间的比较。规模大的部门容易获得较大的剩余收益，而它们的投资报酬率并不一定很高，再次体现出引导决策与评价业绩之间的矛盾。

# 参 考 文 献

[1]何琳.企业财务管理中的成本控制工作分析[J].财会学习,2019(09):84+86.

[2]郑琳.成本控制对企业财务管理目标实现的作用研究[J].财会学习,2019(08):85.

[3]盛开轩.企业财务管理中的成本控制工作分析[J].中国市场,2019(06):141-142.

[4]韩奕松.财务管理视角下企业人力成本控制问题研究[J].中国集体经济,2019(05):42-43.

[5]刘晓宁.成本控制在企业财务管理中的重要性[J].中国乡镇企业会计,2019(02):127-128.

[6]王桂君.如何建立财务管理良性循环机制[J].现代商业,2009(20):117.

[7]李雪梅.企业财务管理中的成本控制工作的研究[J].现代经济信息,2019(01):212.

[8]侯成峰.关于企业财务管理中的成本控制工作的研究[J].现代经济信息,2019(01):281.

[9]安娜.企业财务管理中的成本控制工作探析[J].商场现代化,2018(23):144-145.

[10]罗广蔚.企业财务管理中的成本控制研究[J].中国商论,2018(32):101-102.

[11]吴宇亮,叶莹.浅谈新经济形势下我国企业财务管理发展[J].知识经济,2009(09):33.

[13]屈定国.企业财务管理中的成本控制[J].知识研究导刊,2019(34):111-112.

[14]付晓楠.刍议中小企业的财务管理问题及对策[J].现代经济信息,2009(14):201.

[15]李阳.浅析财务管理与成本控制目标[J].中国市场,2018(33):150-151.

[16]张光全.成本控制在企业财务管理中的重要性分析[J].环球市场,2018(27):127.

[17]范志国,卢橡云.企业财务成本控制的措施的探讨[J].商场现代化,2015(01):157-158.

[18]管红媛.企业财务管理目标成本管理与控制探讨[J].智库时代，2020（29）：76.

[19]李秀梅.浅谈企业财务管理与成本控制[J].中国商论，2018（24）：92-93.

[20]李岚.财务管理与成本控制[M].北京：九州出版社，2019.

[21]刘恩，陈琳.企业财务成本控制技术[M].北京：中国经济出版社，2003.

[22]程宏伟.财务管理[M].成都：西南财经大学出版社，2010.

[23]窦雄丽.成本分析对成本核算的决策支持与管理思考[J].市场瞭望，2024（05）：126-128.

[24]张家伦.财务管理[M].北京：首都经济贸易大学出版社，2012.

[25]杨宝魁.企业财务管理与分析[M].北京：高等教育出版社，1995.